허클베리 핀의 모험

Huckleberry Finn

마크 트웨인

다락원 WILEY
Publishers Since 1807

세계의 교양을 읽는다

고전을 왜 읽는가?

인간의 삶과 세상에 대한 영원한 물음이 있기 때문이다. 시대와 사상을 뛰어넘어 지금 여기 우리에게 필요한 물음이 없는 고전은 더이상 고전이 아니다. 인간과 삶에 대한 근원적인 물음 없이 고전을 읽는다면 자신과 인간에 대한 성찰과 지혜로 이어지지 않는다. 논술 시험 때문에, 과제물 때문에, 아니면 남들이 읽으니까, 나도 읽는다는 식이라면 그 책은 죽은 책일 수밖에 없다.

고전을 살아 있는 책으로 만드는 이 '물음!'에 답하기 위해서는 좋은 길잡이가 필요하다. 40년 이상 미국의 고교생과 대학 주니어들이 시험, 에세이 작성, 심층토론 준비를 위해 바이블처럼 애용해온 'CliffsNotes'와 'SPARKNOTES'는 바로 그런 좋은 길잡이의 표본이다. 이 두 시리즈가 원조 논술연구모임인 '일이관지(一以貫之)' 팀의 촌철살인적 해설을 곁들여 〈다락원 논술노트〉로 재탄생해 논술로 고민중인 대한민국 학생 여러분을 찾아간다.

CliffsNotes와 SPARKNOTES의 가장 큰 장점은 방대하고 난해한 고전을 Chapter별로 요약하고 분석해서 원전의 내용에 보다 쉽고 체계적으로 접근하는 신속·간편성이라고 할 수 있다. 여기에 '一以貫之'팀이 원전의 중요한 문제의식, 즉 근원적 '물음'은 무엇이며, 그 '물음'은 오늘날에도 여전히 유효한가, 라는 질문을 다시 던진다.

대입논술로 고민하고, 자칭 타칭의 고전이 넘쳐나는 오늘의 독서풍토에서 지적 정복이 긴박한 대한민국 학생들에게 감히 이 시리즈를 자신 있게 권한다.

一以貫之 논술연구모임 연구실장 이호곤

CliffsNotes와 SPARKNOTES는 방대한 원작을 보다 쉽게 이해할 수 있도록 돕는 안내서입니다. 원작 이해를 돕기 위해 작가와 작품에 대한 배경지식, 그리고 매 장마다 간단한 '줄거리'와 '풀어보기'가 실려 있습니다. '줄거리'를 통해서는 원작의 내용을 명쾌하게 파악함으로써 독서의 즐거움을 느낄 수 있을 것입니다. '풀어보기'에는 원작에 담긴 문학적 경향, 등장인물의 심리상태, 시대상, 주제 등을 설명해 놓았습니다. 비판적 글읽기의 바탕이 되는 요소들이죠. 비판적 글읽기는 소설과 비소설 작품을 막론하고 책을 읽을 때 꼭 필요한 자질입니다.

그 밖에도 작품을 좀더 심오하게 분석할 수 있도록 '마무리 노트', 'Review' 등을 마련해 놓아 독자 여러분의 글읽기를 돕고 있습니다.

CliffsNotes에는 특히 관심을 갖고 읽어야 할 필수요소를 강조하기 위해 다음 네 가지 아이콘을 사용하고 있습니다.

 작품 속에 내재된 주제를 드러내줍니다.

 등장인물의 속내를 알 수 있도록 도와줍니다.

 배경, 분위기, 열정, 폭력, 풍자, 상징, 비극, 암시, 불가사의 등의 요소를 밝혀줍니다.

 단어와 문구의 미묘한 느낌을 감상할 수 있도록 해줍니다.

*〈   〉는 장편소설, 중편소설, 논픽션, 시집. "   "는 수필집, 단편소설

ㅇ 일이관지(一以貫之) 논술 노트

권말에는 一以貫之 논술팀에서 작성한 논술 노트가 실려 있습니다. 원작을 우리의 삶과 연계시켜 비판적 사고와 논리적 글쓰기의 방향을 제시합니다.

ㅇ 실전 연습문제

실전 연습문제를 통해서는 원작을 바탕으로 출제 가능성이 높은 논점을 함께 숙고해 봅니다.

작가 노트

핼리 혜성과 함께 태어난 아이

어쩌면 그것은 한 어린아이의 문학적 출세를 알리는 조짐이었는지도 모른다. 새뮤얼 랭혼 클레멘스Samuel Langhorne Clemens는 1835년 11월 30일, 핼리 혜성이 해와 가장 가까운 지점에 다다랐을 때, 미주리 주의 한적하고 조그만 마을 플로리다에서 태어났다. 물론, 존과 제인 클레멘스의 다섯째 아이가 훗날 그 떠들썩하던 혜성보다 더 유명해지고, 미국과 세계 문학사에서 가장 독창적이고 중요한 작가 가운데 한 사람으로 우뚝 서게 되리라고는 그 누구도 생각하지 못했다. 그가 남긴 유산은 미국에서 가장 위대한 해학가의 그것으로 오늘날까지 이어지고 있으며, 많은 작품들은 그가 미국의 거대한 강과 함께 지낸 어린 시절을 생생하게 그려내고 있다.

아버지 존 클레멘스는 매우 지적이고, 변호사로서도 어느 정도 성공을 거둔 인물이었다. 그는 치안판사를 지내기도 했는데, 자녀들에게는 매우 엄격했다. 전형적인 남부미인이었던 어머니는 타고난 유머 감각을 지녔으며, 특히 동물과 불행한 사람들에게 정이 넘쳤다. 그 같은 부모의 복합적인 성향은 훗날 마크 트웨인Mark Twain의 작품에 등장하는 여러 인물에서 발견된다. 허클베리 핀이 불행한 사람들에게 갖는 관심은 어머니의 친절과 동정심을 반영한 결과라고 할 수 있다.

새뮤얼(이하 샘)이 네 살 때, 그의 가족은 천여 명이 사는 미주리 주의 작은 마을 해니벌로 이사했다. 세인트루이스 북쪽으로 약 80마일 가량 떨어진, 미시시피 강 서쪽에 위치한 해니벌은 건조해 먼지가 많았고, 조용했으며, 걸어서 갈 수 있는 가까운 거리에 큰 숲이 있었다. 주변의 땅과 수로들은 어린 샘이 앞으로 쓸 작품에 무수한 영상을 제공했다. 당시 미시시피 강은 북부와 남부의 대동맥을 끊임없이 오르내리는 뗏목, 소형 범선, 대형 증기선들이 점령하고 있었다. 근처에는 허클베리 핀의 아버지 팹 핀이 돼지들 틈에서 잠을 잤던 피혁공장이 보이고, 하류에는 〈톰 소여의 모험 *The Adventures of Tom Sawyer*〉에서 인디언 조가 톰과 베키를 흗정에 빠뜨렸던 작은 동굴이 있었다. 해니벌은 후에 세인트피터스버그가 되었고, 〈허클베리 핀의 모험 *The Adventures of Huckleberry Finn*〉에서는 소설이 시작되는 장소로 사용되었다.

시골 같은 풍경, 강의 번잡한 교통량, 그리고 행운을 찾아 서부로 향하는 의욕에 찬 개척자들이 통과하는 해니벌은 개척시대에서 빠르게 벗어나는 미국을 어린 샘에게 보여주었다. 더욱 중요한 것은 그 마을이 소년에게 미국적인 삶의 두 가지 측면, 즉 노예제도에 대한 생각과 죽음의 실체를 처음 경험하게 해주었다는 점이다. 비록 미주리는 노예주였지만 해니벌은 북쪽에 위치해 있었기 때문에 반자유사회였다. 그 당시에 샘은 그 차이에 신경 쓰지 않았다. 그는 어린 시절을 회상하면서, 당시에는 노예제도의 비인간성에 대해 몰랐었노라고

자인했다. "나는 노예제도에 반감이 없었다. 무엇이 잘못되었
는지도 몰랐다."

문학적 상상력의 밑바탕, 수로안내인 생활

1847년 아버지의 죽음으로 클레멘스 가족은 경제적 어
려움에 처했다. 샘은 학교공부를 중단하고 지역신문 미주리
쿠리어에 견습 인쇄공으로 들어갔다. 그리고 얼마 되지 않아
형 오라이언의 견습생으로 일하기 위해 그곳을 떠났다. 2년 후,
형제는 해니벌로 돌아왔고, 오라이언은 〈저널〉의 소유주로서
관리를 맡게 되었다. 샘은 견습업무와는 별도로 문학소품들을
저널에 기고했는데, 그것은 미래에 펼쳐나갈 저작활동의 조촐
한 시발점이었다. 형제의 성공은 오래 가지 못했고, 오라이언
이 해니벌을 떠나자 샘은 일자리를 찾아 세인트루이스와 뉴욕,
필라델피아를 전전했다. 그러다가 짧은 기간 동안 아이오와
주 키오쿡에서 오라이언과 합류해 다시 인쇄공으로 일했다.

1856년, 샘은 아버지와 형을 비켜간 성공을 자신이 이
루겠다는 바람으로 남미에서 한몫 잡아 보겠다는 엉뚱한 계획
을 품었다. 돈이 될 만한 사업들을 통해 단시간에 부자가 되려
는 욕구는 평생 그를 따라다닐 기세였다. 그러나 뉴올리언스
로 가는 배 위에서 500달러에 자기 기술을 전수하겠다는 수로
안내인을 만나자, 강과 그 위를 떠다니는 멋진 배들에 매료되

어 흙탕물의 수로안내인이 되기로 마음을 바꿨다. 1857년, 그는 증기선 폴 존스 호의 견습 수로안내인이 되었고, 1859년에 마침내 수로안내 면허증을 받는다. 그는 4년간 수로안내인 생활을 했으며, 그 기간 동안 미시시피 강가에 늘어선 마을과 그곳에 사는 사람들에 대해 잘 알게 되었다.

1861년 4월, 남북전쟁이 발발하자 미시시피 강은 북군과 남군에 의해 사실상 봉쇄되었고, 샘은 수로안내인 일을 그만두지 않을 수 없게 되었다. 남부에서 대대로 살아온 그는 자연스레 남부쪽으로 기울어 남군 민병대에 합류했지만 3주 후 탈영해 서부로 향했다. 트웨인은 자서전에서, "나는 전장에서 2주간 복무하고 그만두었는데, 계속되는 후퇴에 '지쳐 무기력해졌기' 때문이었다"고 술회했다. 오라이언은 그를 설득해 네바다 원정대에 합류시켰다. 그 여행은 나중에 〈고난을 넘어 *Roughing It*〉(1872)의 주제가 되었다.

미시시피 강이 만들어낸 미국 최고의 풍자작가

샘은 네바다에 머무는 동안 유머 스품과 여행기를 다시 쓰게 되었다. 그때, 물 깊이가 겨우 두 길, 즉 12피트밖에 안 된다는 의미의 용어인 마크 트웨인을 필명으로 사용하기 시작했다. 트웨인은 진지한 작품에는 'S. L. 클레멘스'로 표기했지만 그를 유명하게 만든 익살, 사기, 풍자를 그린 작품에는 작가를 '마크 트웨인'으로 썼다. 그의 트레이드마크인 추잡한 유머에 독자가 있음을 알아차린 트웨인은 이곳저곳을 여행하면서 샌프란시스코 알타 캘리포니아 지에 우스꽝스러운 여행기를 쓰기 시작했다. 알타 캘리포니아 지는 그에게 뉴욕에서 지중해까지의 증기선 여행을 후원했고, 거기에서 탄생한 여행기를 통해 독자들이 늘어나면서 그는 성공의 길로 접어들었다.

트웨인은 1864년부터 1870년 사이에 여러 신문에 기사와 여행기를 기고했고, 〈철부지의 해외여행기 Innocents Abroad〉(1869)를 출간했다. 그는 오랜 구애 끝에 1870년 저비스 랭던의 딸인 올리비아 랭던과 결혼했다. 올리비아는 변덕이 심한 트웨인을 누그러뜨린 사람이었고, 처가의 노예폐지관은 그와 그의 작품에 영향을 미쳤다. 이어 장인 저비스와 마찬가지로 트웨인은 프레드릭 더글러스*와 친구가 되기에 이르렀고 반노예운동을 지원했다.

트웨인은 〈철부지의 해외여행기〉의 인기에 힘입어 기고가 일을 그만두고 단편과 책을 쓰는 일에 전념했다. 성공을 거둔 짤막한 이야기들을 단편집으로 묶으면서 작가 트웨인의 명성은 치솟았고, 〈철부지의 해외여행기〉는 베스트셀러가 되었다. 트웨인이 소위 유럽의 불순함을 폭로하는 데 이용한 풍

---

* **프레드릭 더글러스**(Frederick Douglass, 1817-95): 노예 출신으로 흑인 인권운동의 상징이자 미국 역사상 가장 유명한 노예해방 운동가. 여성운동 지도자, 웅변가, 저널리스트로서도 유명하다.

자는 미국의 기존 상식을 깨뜨리는 것이었다. 그러한 특징은 〈뜨내기의 해외여행기 *A Tramp Abroad*〉(1880), 〈왕자와 거지 *The Prince and the Pauper*〉(1881), 〈아서 왕 궁전의 코네티컷 양키 *A Connecticut Yankee in King Arthur's Court*〉(1889)에서도 유사하게 나타난다.

그러나 트웨인을 미국 최고이자 사랑받는 이야기꾼의 한 사람으로 만든 것은 바로 미시시피 강과 그 강가에 살던 사람들이 추구한 가치였다. 그가 미시시피 강의 문화와 함께 보잘것없는 아주 작은 마을에서 발견한 유머는 끊임없이 독자를 매료시켰고, 19세기 후반 미국의 젊은이란 존재가 의미하는 바가 무엇인지를 구체화시켜 주었다.

1876년, 트웨인은 이러한 요소들을 〈톰 소여의 모험〉에서 공략했다. 〈톰 소여〉의 출간은 당시의 반응에도 불구하고 조지 커스터*와 그의 기병대가 리틀 빅 혼에서 전멸함에 따라 그 빛을 잃고 말았다. 하지만 그 작품의 인기는 그가 살아 있는 동안 계속 올라갔고, 세상을 떠날 때이는 베스트셀러가 되어 있었다. 정작 가장 논란이 많은 트웨인의 작품은 9년 후에 등장한다. 1885년, 〈허클베리 핀의 모험〉이 많은 홍보와 호들 갑 속에서 출간된 것이다. 이 작품은 트웨인으로 하여금 문학

---

* **조지 커스터**(George Custer. 1839-76): 남북전쟁의 영웅적인 기병대장이자 인디언 토벌대장.

계 거두들 사이에 확고히 자리를 잡게 해주었고, 가장 많이 연구되고 비평적으로도 큰 찬사를 받는 작품이 되었다.

건강악화와 사업실패로 암울했던 50대

트웨인의 삶은 50세에 이르러 뒤죽박죽이 되었다. 건강은 나빠지기 시작했고, 1894년에는 자동식자기에의 투자실패와 번 돈보다는 쏟아붓는 돈이 더 많았던 출판사로 인해 파산을 선언하지 않을 수 없게 된다. 돈을 벌려는 시도들이 실패로 돌아가자 그 여파는 가족들에게까지 미쳤다. 게다가 사랑하는 가족들의 질병과 죽음으로 고통은 가중되었다. 아내 올리비아는 병을 달고 살다시피 했다. 딸 하나도 간질이 발병했고, 큰딸은 뇌막염으로 사망했다. '유머 그 자체의 비밀스런 근원은 기쁨이 아니라 슬픔'이라는 트웨인의 말이 뼈저리게 가슴에 와 닿는 시기였다. 19세기 말이 되면서 그의 작품에는 삶에 대한 어두운 시각이 반영되기 시작했다.

1890년대는 트웨인에게 가장 암울한 시기였다. 트웨인과 가족은 유럽의 날씨에 힘입어 건강을 되찾아 보려고 이곳저곳을 전전했지만 코네티컷 주 하트포드의 집과 뉴욕 주 엘미라의 쿼리 팜에 있는 집만 그리워했다. 1894년, 트웨인은 〈얼간이 윌슨 Pudd'nhead Wilson〉을 출간했다. 그 작품에서는 노예제를 유지하는 남부, 그리고 자연과 교육을 대비시키면서 인간성에 대한 냉소를 보여주었다. 채무변제를 위한 돈벌이 세계일주 강연여행에 이어, 1896년어 는 〈잔 다르크의 개인적 회상 *Personal Recollections of Joan of Arc*〉, 〈톰 소여의 해외여행 *Tom Sawyer Abroad*〉, 〈형사 톰 소여 *Tom Sawyer, Detective*〉를 포함해 대부분 평범한 작품들을 내놓았다.

1900년에 출간된 트웨인의 단편 "헤들리버그를 타락시킨 사람 *The Man That Corrupted Hadleyburg*"은 가장 암울한 작품 가운데 하나다. 트웨인은 그 작품에서, 인간은 아무리 자기가 자유로이 선택할 수 있다고 생각하더라도 자기가 하는 일에 대한 선택권이 없다. 오히려 그 개인을 가장 잘 도울 수 있는 것이 무엇인지에 근거해서 그에게 이익이 되도록 결정이 내려진다고 주장했다. 인간성을 보다 어두운 시각으로 다룬 유일한 작품은 그의 사후에 출간된 미완성의 유고작 〈수수께끼 같은 이방인 *The Mysterious Stranger*〉이다. 거기에서 그는 우주를 비난했고 서로서로와 하나님의 딱한 관계를 조롱했다.

1910년 4월 19일, 핼리 혜성은 마지막 모습을 드러낸 지 약 75년 만에 다시 근저점에 도달했다. 이틀 후 미국의 가장 위대한 유머 작가는 코네티컷 주 레딩 근교 그의 집 스톰필드에서 해가 질 때 숨을 거두었다. 아내 올리비아는 6년 전 이미 세상을 떠난 뒤였다. 한 비평가에 의하면, 트웨인은 '심신이 매우 지쳐' 아내의 존재를 매우 그리워했다고 한다.

트웨인이 남긴 작품들은 시, 짧막한 소품, 기사, 정치평론, 소설, 단편소설 등으로 광범위하고 다양하다. 그 작품들은 모두가 불멸의 가치를 지닌 진정한 걸작을 창조하기 위해 변경 미국의 민속을 이용했던 그의 다채로운 재능과 열정의 증거다. 그의 많은 소설들, 특히 집필 초기에 쓴 작품들은 증쇄를 계속했다. 그러나 〈허클베리 핀의 모험〉이 거둔 엄청난 성공에 필적하는 작품은 없으며, 지금도 여전히 미국 문화권에서 가장 많이 읽히고, 논의되고, 가르치는 작품 가운데 하나다. 트웨인은 윌리엄 딘 하우웰즈*에게 보낸 편지에서 삶과 작품에 대한 그의 시각을 잘 보여주고 있다. "아, 나는 대단하면서도 형편없는 바보일세. 그렇지만 하나님의 바보이고, 그 분의 모든 작품은 존중해서 찬찬히 뜯어보아야 마땅하다고 본다네."

---

* **윌리엄 딘 하우웰즈**(William Dean Howells, 1837 – 1920): 미국의 현실주의 작가이자 비평가.

작품 노트

허클베리 핀의 탄생

1876년, 마크 트웨인은 〈톰 소여의 모험〉를 출간한 그 해에 미시시피 강을 따라 펼쳐지는 또 다른 소년의 모험기를 집필하기 시작했다. 톰이 그 작품에 어울리지 않는다고 판단한 트웨인은 톰에 대응하는 인물로 평판이 좋지 않은 허클베리 핀(애칭 '헉')을 선택했다. 헉은 좀더 강도 높은 트웨인식 유머에 목말라하던 독자들에게 이미 널리 알려져 있었고, 트웨인은 자신이 이룬 최근의 문학적 성공을 이용하고 싶어 했다. 1865년, 미국은 남북전쟁이 끝났음에도 불구하고 매우 소란스러웠다. 남부 재통합*은 엉망진창이었고, 노예해방선언으로 폐지되었던 노예제도 대신 차별이라는 새로운 인종주의와 암묵적인 불평등이 자리를 잡았다.

트웨인은, 그가 윌리엄 딘 하우웰즈에게 언급했듯, 애초 의도는 '열두 살짜리 소년을 택해 삶을 영위해 나가도록 하는 것이었다(1인칭으로).' 그러나 전쟁의 여파와 재통합 실패로 그 책은 자유와 노예제도에 얽힌 문제를 다루기 시작하면서 급격히 난항에 빠졌다. 그것은 트웨인이 추구하려던 길이

---

* **남부 재통합**(Southern Reconstruction, 1865-77): 남부는 10여 년에 걸친 전쟁에 의해 폐허가 되었고, 사기가 떨어져 있었다. 많은 남부인들은 그들의 정치적·사회적 영향력이 위협받게 되자 흑인들의 평등권 획득을 가로막기 위해 불법적 수단을 사용하게 되었다. 흑인에 대한 폭력이 더욱 빈번해지고, 무질서가 더해진 결과, 1870년에는 해방노예들의 공민권을 박탈하고자 하는 사람들을 엄벌하는 시행령이 의회를 통과했다.

아니었다. 그 이야기에 대한 트웨인의 영감은 처음 몇 장을 쓴 후 차츰 희미해지기 시작했고, 〈뜨내기 허외여행기〉(1880)와 〈왕자와 거지〉(1881) 같은 다른 작품들의 집필로 인해 뒤로 밀려났다.

1882년, 트웨인은 다시 그 원고를 끄집어내 백인 소년 헉과 흑인 노예 짐의 이야기를 쓰기 시작했고, 그 후 2년에 걸쳐 드문드문 글을 써서 1883년 7월에 탈고했다. 2년 후인 1885년 2월, 헉 핀은 미국 독자들에게 다음과 같이 자신을 다시 소개했다. "여러분은 〈톰 소여의 모험〉이라는 책을 읽지 않고는 나에 대해 알 수 없다. 하지만 그건 중요하지 않다."

헉의 미시시피 강 하류여행을, 혹자는 파란만장한 대장정이라 하고, 일부는 순례여행이라고 했다. 실제로 이 작품에서는 그 각각의 특성이 모두 넘쳐난다. 이 소설은 호머의 〈오디세이 *Odyssey*〉*처럼 에피소드식, 다시 말해 일련의 토막 이야기들로 이루어져 있으며, 많은 점에서 헉의 모험은 하나의 순례여행 ―숭고한 목적이 있거나 도덕적인 여행― 이다. 일부에서는 이 작품을 악한소설**의 전형으로 보기도 한다. 악한

---

* **오디세이**: 〈일리아드〉의 속편격. 〈일리아드〉에서 활약하던 장군 오디세이가 집으로 가는 여정과 그 부인의 처지를 그린 그리스 최고(最古) 최대의 서사시. 15,693행, 24권. 각 권마다 그리스 문자의 24개 알파벳순으로 이름이 붙어 있다.

** **악한소설**: 악한을 주인공으로 한 소설로 16세기 스페인에서 발생한 소설 양식. 기사들의 환상적인 로맨스나 상류층의 이상주의적 문학에 맞서는 하류층 문학으로 기존 관습에 대한 반동 형태를 지니며, 에피소드의 나열로 뚜렷한 구성이 없는 것이 특징. '건달소설'이라고도 한다.

소설은 스페인에서 유래했으며 건달짓을 하는 주인공을 사실적으로 세세하게, 종종 풍자나 해학적인 효과를 가미해 묘사한다. 일부에서는 헉이 악역에 어울리지 않고, 따라서 이 작품은 악한소설의 요건을 갖추지 못했다고 주장하기도 한다.

트웨인은 이 소설을 자신의 최고작으로 생각하지 않았다. 따라서 이 작품에 쏟아지는 반응에 전혀 준비되어 있지 않았다. 라이프 지는 〈허클베리 핀의 모험〉(이하 '헉 핀')이 출간되자마자 게재한 신랄한 서평에서, 이 책이 나체와 죽음을 적나라하게 그리고 있다고 비난했다. 그 뒤를 이어 콩코드 공공도서관은 해학이 거의 들어 있지 않은, '최악의 졸작'이라고 혹평했다. 인기작가 루이자 메이 올콧*도 만약 이 책이 트웨인이 내놓을 수 있는 유일한 작품이라면 미국 소년소녀들을 위한 글쓰기를 그만두어야 할지 모른다고 말했다.

〈헉 핀〉은 비록 초기의 일부 서평은 부정적이었지만 곧 이 작품 역시 미국적 상상력의 표현에 힘입어 미국 고전으로 추천되었다. 어떠한 상황에도 적응하는 능력, 미국의 거대한 강이 지닌 평온함과 장래성, 사라져가는 변경에 살았던 다채롭고 다양한 인물들이 모두 이 책 속에 들어 있는 것이다. 이러한 요소들이 촉매가 되어 1935년 〈헉 핀〉에 대해 가장 유명

---

* **루이자 메이 올콧**(Louisa May Alcott, 1832-86): 펜실베이니아 주 저먼타운 출생. 남북전쟁 때 간호사로 종군했던 체험을 소재로 쓴 〈병원 스케치〉로 세상에 알려짐. 대표작은 〈작은 아씨들〉, 〈라일락 아래서〉 등 300여 편.

한 논평 가운데 하나가 나왔다. 당시 어니스트 헤밍웨이는 이렇게 말했다. "미국의 모든 현대문학은 다크 트웨인의 〈허클베리 핀〉이라는 한 권의 책으로부터 나온 것이다. (중략) 이것은 우리가 가진 작품들 가운데 최고 걸작이다. 모든 미국 작품은 거기에서 생겨났다. 그 전에도 없었고, 그 이후에도 이만한 것은 없다." 실제로 이 소설은 트웨인 자신이 독서와 이전의 글쓰기에서 파고들었던 미국적 유머의 모든 요소, 즉 골탕 먹이기, 속임수, 장난질을 능수능란하게 보여주고 있다.

트웨인 이전에는 그 어떤 작가도 미국의 상황을 이처럼 재미나고 매혹적인 형태로 버무려 놓은 사람이 없었다. 그러므로 〈허클베리 핀(톰 소여의 친구)의 모험〉이란 제호로 처음 등장한 이래 115년이 지난 지금까지 1천여 편에 가까운 갖가지 판본이 출간된 것은 놀라운 일이 아니다. 번역본은 100종이 넘고, 학술적인 글과 서적의 양은 부단히 미국 문학 연구에서 대세를 차지하고 있다. 비평적인 해석도 남부 재통합기 이후에 대한 광범위한 사회적 논평에서부터 흑인들의 말에 대한 언어학적 해석, 냉소적 해학, 신화적 형상의 인물 탐구에 이르기까지 온갖 영역에 걸쳐 있다. 이 작품은 여전히 주석을 끌어내고 논란에 불을 당기면서 미국 고전으로서 그 위치를 확고히 하고 있다.

간단히 말해, 이 작품은 독창적인 이야기체, 현실적인 주제, 결과와는 무관한 의리와 희생을 묘사함으로써 성공을 지속해 나갔다. 이전의 남서부식 작품에 등장하는 해학적 인물들과 달리, 헉은 이야기를 소개하거나 그 중요성에 대한 설명을 돕기 위한 권위적이고 신사다운 이야기꾼에 의지하지 않는다. 트웨인이 영감을 얻으려고 문학적 선배들에 많이 기댄 것은 의심의 여지가 없으나 헉의 이야기는 그 자신의 것이다. 그는 어떤 꾸밈, 잠재적인 동기, 혹은 목적 없이 그 자신의 소년다운 관점에서 이야기를 풀어나가고 있다. 그렇게 함으로써 트웨인은 완전히 독창적인 미국의 소리를 창조했다. 트웨인 학자인 햄린 힐은 100주년 기념 사본에 대한 소개에서 이렇게 말했다. "마크 트웨인 이전에는 그 어떤 주요 작가도 감히, 설명이나 사과 없이, 평범한 인물이 자유롭게 자기 자신의 언어로, 자기 자신의 이야기를 하도록 함으로써 보통 미국인들의 사실적 이야기를 극화한 사람은 없었다."

그러나 트웨인은 보통 미국 소년의 사실적 이야기를 묘사하는 정도를 넘어선 일을 해냈다. 또한 남부의 비열하고 잔혹한 환경을 '깜둥이 niggers'라는 불쾌하고 모욕적인 말까지 써가며 잔인하면서도 적나라하게 보여주었다. 미국 작가 랭스턴 휴즈는 이러한 인종차별과 미국의 상황에 대한 거침없는 접근에 고무되어 마크 트웨인의 작품은 '낭만스러운 구(舊)남부의 가식적인 부분들을 결딴냈다'고 평했다. 트웨인은 헉에게 자신의 이야기를 하도록 함으로써 사실적 허구를 이용해 미국의 가장 고통스러운 '성역', 즉 '자유롭고, 평등한' 사회에서 자행되는 인종주의와 차별의 모순을 비판했다.

〈헉 핀〉이 현재 그 내용과 언어로 인해 몇몇 학교 도서관에서 금지되고 있다는 것은 얄궂은 일이다. 트웨인이 애초에 가졌던 두려움 또한 검열이었다. 그의 걱정은 흑인노예 짐에 대한 긍정적 인물표현과 남부의 사실적 묘사 때문에 비난을 받게 되리란 점이었다. 트웨인은 자신의 진의를 감추기 위해 소설 전체에 풍자와 냉소적 해학을 불어넣었다. 그리하여 헉의 이야기는 어린이다운 모험의 순간들과 신랄한 풍자장면들로 채워져 있다.

어린 시절의 환상과 죽음을 짝지어 놓은 것은 미묘하지만, 작가는 완벽한 소년시절의 꿈을 보여주는 기교를 통해 사회풍자라는 목적을 달성한다. 헉의 융통성 없는 자세는 철이 없으면서도 성숙하다. 그는 어린이다운 겉모습으로, 자기 주변을 감각적으로 본다. 그의 환경은 그가 보고 듣는 것에 의해 구축되고 굳어진다. 헉은, 태평한 세상이라는 환상 밑바닥에는 자기 회의로 가득한 세계가 자리하고 있다는 것을 잠재의식적으로 독자들에게 전달하면서 자기 나이를 뛰어넘는 부자연스러운 지혜를 발휘한다. 그는 융통성이 없기 때문에 이상주의를 꿰뚫어 보며 냉정하고 현실적인 폭로를 한다.

31장에서 헉이 뗏목 위에서 자신의 미래를 생각할 때 독자들도 함께 같은 생각을 한다. 그리고 그가 단호하게 "좋아, 그럼 나는 지옥으로 갈 테다"라고 말할 때, 독자들은 그 결정이 그의 정상적인 논리와 실용주의는 물론, 그가 결코 회피하지 않았던 감정에 기초한 것임을 알 수 있다. 예를 들어, 31장의 이 장면은 16장에서 헉이 도망노예들을 찾아다니는 사내들에게 뗏목에 천연두 환자가 있다고 속여 겁주고 짐을 구하는 모습을 떠올리게 한다. 그때 그는 '내가 나쁜 짓 한 것을 잘 알기 때문에 기분이 언짢고 우울하다'고 했다. 하지만 그는 자신이 짐을 넘겨주었더라도 똑같은 생각을 했으리라고 판단하고 다음과 같이 결론을 내린다. "옳은 일 하는 건 골치아프고, 그른 일을 하는 건 성가시지 않은데 수고비는 똑같은 경우에 옳은 일 하는 걸 배워 봤자 무슨 소용이겠어." 헉은 자기의 모든 이전 경험에서 사심 없는 모습을 견지하지만, 31장의 결정적인 순간에 트웨인은 헉에게 동정심을 부여하고, 그것을 통해 헉과 짐 모두가 자유를 얻게 되리라는 철학적 가능성을 열어놓는다.

이 시점에서 독자들은 트웨인이 다양한 장난질과 우스개에서 한 발짝 더 나아가 신랄한 사회풍자의 영역으로 옮겨갔음을 깨닫는다. 〈헉 핀〉에서 염려스러운 요소는 죽음이 아니라 모순이다. 헉이 자신은 사회의 신조를 거스르기 때문에 사악하다고 끊임없이 믿는다는 사실 자체가 모순이며 풍자다. 더욱이 짐은 법적으로는 남부 노예제도로부터 자유로워졌지만 그 역시도 헉, 톰, 폴리 이모, 그리고 트웨인의 세계가 예속되어 있듯이 단단하게 사회구조에 구속되어 있다. 트웨인이 제시한 이상주의란 당근은, 남부 재통합이 분열된 남부의 인종차별적 병폐를 치유하기 위해 시도된 것과 마찬가지로, 인간이 그릇된 사회규범들을 깰 수 있다는 암시다. 이런 식으로 이 소설은 평등과 인종차별 같은 사회적 모순에 대처하는 국가의 역사적·사회적 주요 약점을 파헤친다. 이같은 현실인식으로 인해 19세기 후반, 그리고 실제로는 지금도 〈헉 핀〉은 논의할 가치가 충분한 소설이다.

　　그러나 궁극적으로는 헉과 짐 모두의 용감한 노력을 인정함으로써 〈헉 핀〉이 고전문학 작품으로 자리잡게 되었다. 헉과 짐이 보여주는 희생의 몸짓을 통해 인내, 의리, 믿음이 작품 속에서 구현된다. 이는 헉과 짐이 그들 앞에 놓인 사회적 장애물들을 완전히 극복할 수 있다고 말하려는 것이 아니다. 다만 19세기의 두 인물, 고아소년과 도망노예가 아주 짧은 시간이나마 사회가 그어놓은 경계들을 극복하고 유대관계를 맺는다는 사실이 〈허클베리 핀의 모험〉이 지니는 용감무쌍한 진실을 증거한다.

줄거리

　　43장으로 구성된 이 작품은 헉 핀이 독자들이 과거에 들어 보았을지도 모를 누군가를 자신으로 소개하면서 시작한다. 독자들은 경험이 풍부한 헉이 톰 소여와의 지난번 모험(톰 소여의 모험)으로 부자가 되었고, 과부댁 더글러스 여사와 그 여동생 왓슨 아주머니가 신앙과 예절을 가르치기 위해 헉을 자기네 집으로 데려갔다는 사실을 알게 된다. 그러나 헉은 그 보호자들에게 순종하지 않고 밤에는 몰래 집을 빠져나와 톰 소여 일당과 모여 강도와 해적 흉내를 낸다.

어느 날 헉은 아버지 팹 핀이 마을로 돌아온 것을 알게 된다. 헉은 폭력과 술주정으로 점철된 아버지의 전력을 알기 때문에 자기가 투자한 돈에 대한 그의 의중이 특히나 염려스러진다. 팹은 헉과 대면하자 학교를 집어치우고 출세하려 들지 말라고 경고하는데, 헉은 그저 팹을 괴롭히기 위해 계속 학교에 다닌다. 헉의 두려움은 팹이 그를 납치해 미시시피 강 건너편 강기슭의 작은 오두막으로 데려가면서 이내 현실로 나타난다.

비록 헉은 자기 삶이 신앙과 학교로부터는 자유로워져 약간 편해졌지만 팹의 매질이 너무 심해지자 자기가 살해된 것으로 꾸미고는 미시시피 강 하류로 달아난다. 헉은 수마일 아래 잭슨 섬에 오르고, 거기에서 강 하류로 팔려나갈 것이 두려워 도주한 왓슨 아주머니의 노예 짐과 우연히 마주친다.

두 도망자는 이내 사람들이 잭슨 섬을 수색하러 오리라는 것을 알고, 뗏목을 타고 강 하류로 달아난다. 짐은 일리노이의 케이로 마을로 갔다가, 거기에서 오하이오 강을 타고 자유주로 갈 계획이었다. 그 계획은 헉과 그의 양심을 괴롭힌다.

하지만 헉은 자기가 사회와 신앙의 모든 교의를 어기고 있다
는 믿음에도 불구하고 줄곧 짐과 함께 지낸다. 헉이 노예제도
와 짐의 자유에 대한 생각으로 씨름하는 모습은 이 소설 내내
계속된다.

　　헉과 짐은 도주하는 동안, 난파 증기선의 도적 일당, 피
비린내 나는 불화에 연루된 남부의 '점잖은' 두 가문을 포함
해 많은 인물들과 조우한다. 헉과 짐이 진정으로 자유를 느끼
는 시간은 뗏목을 타고 있을 때뿐이다. 이러한 자유와 평온함
은 공작과 왕의 출현으로 산산조각난다. 그 자들은 뗏목을 장
악하고 헉과 짐에게 강가의 여러 마을에 멈추게 하고는 주민
들을 상대로 사기를 친다. 그 사기행각은 공작과 왕이 영국인
형제 행세를 하면서 한 가족의 유산을 전부 가로채려는 계략
을 꾸밀 때까지는 큰 문제가 없었다. 그런데 공작과 왕이 계
획을 완수하기 전에 진짜 형제가 도착한다. 이어서 벌어진 혼
란을 틈타 헉과 짐은 달아나고 머지않아 공작과 왕이 다시 합
류한다. 소득이 없자 실망한 공작과 왕은 헉과 짐을 속이고 짐
을 다시 노예로 팔아 버린다. 짐을 찾아나선 헉은 사일라스와
샐리 펠프스 농장에 갇혀 있는 짐을 발견한다. 펠프스 가족은
헉이 자기들을 찾아온 조카 톰 소여인 줄 착각하게 되고 헉은
어렵지 않게 톰의 역할에 빠져든다. 이내 톰 소여가 도착하고,
헉이 톰에게 짐의 처지를 설명해 주자 톰은 자기 동생 시드 행
세를 하며 합류한다. 톰은 헉이 제시하는 현실적인 도주방법

을 거부하고는 정교한 계획을 짜내자고 제안한다. 톰의 계획
이란 그가 읽었던 여러 권의 감방소설과 모험소설에 아무렇게
나 근거한 것으로, 짐을 구출하는 단순한 행위가 줄사다리, 뱀,
그리고 요상한 서신들이 등장하는 복잡한 우스갯짓이 되고 만
다. 마침내 도주가 시작되고, 추격하는 농장주가 쏜 총탄이 톰
의 종아리에 맞는다. 짐은 부상당한 톰을 내버려두고는 가지
않겠다고 고집을 부리다가 다시 붙잡혀 펠프스 가족의 농장으
로 끌려온다. 톰은 농장에서 샐리 이모와 사일라스 이모부에
게 계획의 전모를 밝힌다. 독자들은 왓슨 아주머니가 세상을
떠나면서 유언으로 짐을 해방시켰으며, 톰은 줄곧 짐이 자유
의 몸이 되었다는 것을 알고 있었다는 사실을 알게 된다. 소설
끝부분에서 짐은 해방되고, 헉은 문명세계를 벗어난 후 모험
에 대해 깊이 생각한다.

등장인물

허클베리 핀 *Huckleberry Finn* 소설의 화자이자 주인공.

짐 *Jim* 헉이 미시시피 강 하류로 달아나다 길을 함께 하게 된 도망노예.

톰 소여 *Tom Sawyer* 터무니없는 이야기와 계획을 즐기는 헉의 절친한 친구.

팹 핀 *Pap Finn* 헉의 아버지. 입이 거칠고 폭력적이며 술주정뱅이다. 아들의 상금을 가로채려는 계획을 세운다.

공작 *The Duke* 자신을 브리지워터 공작이라고 주장하면서 헉과 짐의 뗏목을 좌지우지하는 강 위의 사기꾼.

왕 *The King* 프랑스 왕위의 사라진 계승자라고 주장하면서 헉과 짐의 뗏목을 장악하는 강 위의 사기꾼.

과부댁 더글러스 여사 *Widow Douglas* 따스한 온정과 종교를 통해 헉을 교화시키려고 하는 마을의 미망인.

왓슨 아주머니 *Miss Watson* 예절과 종교를 통해 헉을 교화시키려는 과부댁 더글러스 여사의 동생.

폴리 이모 *Aunt Polly* 톰 소여의 이모이자 보호자.

조 하퍼, 벤 로저스, 토미 반즈 *Jo Harper, Ben Rogers, Tommy Barnes* 톰 소여의 '강도 일당'에 속한 마을 소년들.

대처 판사 *Judge Thatcher* 헉의 상금을 관리해 주는 인정 많은 마을 판사.

로프터스 부인 *Mrs. Loftus* 헉이 소녀로 가장하고 방문하는 세인트피터스버
그 마을의 여인.

제이크 패커드, 빌, 짐 터너 *Jake Packard, Bill, Jim Turner* 헉과 짐이 침몰
하는 증기선 월터 스콧 호에서 발견하는 살인범 일당.

그랜저포드 가(家) *The Grangerfords* 헉과 짐이 헤어져 있을 때 헉을 돌봐
준 명문가. 이웃 셰퍼드슨 가와 원수 사이다.

벅 그랜저포드 *Buck Grangerford* 헉과 친구가 된 그랜저포드 가의 막내아들.
셰퍼드슨 가에 의해 살해된다.

에믈린 그랜저포드 *Emmeline Grangerford* 낭만적인 비문을 썼던 그랜저포
드의 딸로 열네 살에 사망했다.

셰퍼드슨 가 *The Shepherdsons* 그랜저포드 가와 대립하는 명문가.

보그스 *Boggs* 셔번 대령에게 총을 맞는 아칸소 마을의 순진한 주정뱅이.

셔번 대령 *Colonel Sherburn* 보그스에게 총질을 했다가 자신을 응징하려고
뒤쫓아오는 군중을 물리친다.

피터 윌크스 *Peter Wilks* 사망한 마을사람. 슬픔에 싸인 그의 가족은 공작, 왕,
헉을 윌크스의 두 형제와 하인으로 오인한다.

윌리엄과 하비 윌크스 *William and Harvey Wilks* 영국에 사는 피터 윌크스
의 형제.

메리 제인, 수잔, 조애너 *Mary Jane, Susan, Joanna* 공작과 왕에게 속아 넘
어가는 피터 윌크스의 조카딸들.

로빈슨 박사, 리바이 벨 *Dr. Robinson, Levi Bell* 공작과 왕이 윌크스 형제가
아니라고 생각하는 마을사람들.

사일라스 펠프스 *Silas Phelps* 톰 소여의 이모부.

샐리 펠프스 *Sally Phelps* 톰 소여의 이모.

짐
(도망노예. 미시시피 강 하류로 도주하는 헉과 길을 함께 가게 된다. 헉에게 충성한다)
톰
(헉의 과거 모험동지. 헉과 짐을 설득해 자신의 엉뚱한 탈주계획에 따르도록 한다)
팹
(헉의 아버지. 헉을 납치하고 괴롭힌다)
공작과 왕
(사기꾼들. 뗏목을 장악하고 헉과 짐을 배신한다)
헉
학대한다
조종한다
돕는다
설득한다
나무란다
사랑한다
왓슨 아주머니
(과부댁의 여동생. 하나님의 응징에 대한 두려움으로 헉을 바꿔 놓으려고 한다)
과부댁 더글러스
(헉의 보호자. 헉을 받아들여 하나님의 사랑에 대한 믿음으로 그를 바꿔 놓으려고 한다)

허클베리 핀의 모험의 배경

Chapter별
정리
노트

Notice; Explanatory

내 작품을 분석하려 하지 마라

이 이야기에서 어떤 동기를 찾으려고 하는 자는
기소할 것이다.
이 이야기에서 어떤 교훈을 찾으려고 하는 자는
추방할 것이다.
이 이야기에서 어떤 계략을 찾으려고 하는 자는
총살할 것이다.

지은이의 명에 따라
군수사령관 G. G.

트웨인은 자신이 옆으로 비켜서고 헉 핀이 이야기를 펼쳐나가도록 하기 전에 '경고(Notice)'로 독자를 맞이한다. 다음 이야기는 '동기'나 '교훈' 혹은 '계략'을 찾으려고 분석해서는 안 되며, 그렇지 않으면 처벌이 뒤따를 것이라고 경고한다. 주석(Explanatory)에서는 독자들에게, 등장인물들이 그 이야기가 벌어지는 지역에 사는 것처럼 발음할 것이라고 통보한다.

이 경고는 세 가지 목적을 갖고 있다. 첫째, 트웨인의 특성인 문학적 현실주의에 정반대되는 감상적인 문체를 빈정대며 한 방 먹이는 것이다. 둘째, 풍자, 즉 이 소설 속에서 독자들이 끊임없이 접하게 될 가혹하고 신랄한 유머가 들어 있음을 알리는 것이다. 끝으로, 열성적으로 트웨인의 작품을 분석하려고 들지 모르는 문학평론가들을 차단하기 위한 것이다.

독자들이 이러한 경고에 대해 판단을 내리기 전, 어쩌면 트웨인의 또 다른 작품 〈얼간이 윌슨〉의 한두 문장이 실체을 바르게 파악하도록 도와줄지 모른다. "아담은 그저 인간일 뿐이었다. 더 이상 설명이 필요 없다. 그는 사과가 좋아서 원했던 것이 아니라 오로지 금지되었기 때문에 원했던 것이다. 실수라면 사탄을 금지시키지 않았다는 터 있다. 그랬다면 그가 사탄을 먹어 버렸을 테니까."(얼간이 윌슨의 달력, 2장)

Chapter 1

 나를 소개합니다

이 소설은 헉 핀이 자신을 소개하고 〈톰 소여의 모험〉을 언급하면서 시작한다. 헉 핀은 이야기한다. "여러분은 〈톰 소여의 모험〉이란 제목의 책을 읽지 않았으면 나에 대해 알 수 없다. 하지만 그건 중요하지 않다." 그는 독자들에게, 〈톰 소여의 모험〉에서 트웨인은 진실을 얘기했지만 모든 사람들, 심지어는 폴리 이모와 과부댁 더글러스 여사 같은 사람들조차 어지간한 거짓말을 한다고 말한다.

헉은 〈톰 소여의 모험〉 끝부분에서 어떻게 자기와 톰이 각각 6천 달러씩을 갖게 되었는지 간략하게 설명한다. 대처 판사는 헉의 돈을 맡아 매일 이자가 1달러씩 들어오는 곳에 투자했다. 그리고 지금 헉은 과부댁 더글러스 여사, 그녀의 동생 왓슨 아주머니와 함께 살고 있다. 헉의 말에 따르면, 그 자매는 그를 '교화시키려' 노력하고, 그는 깨끗한 집에서 예의범절에 신경을 쓰며 사는 것이 점점 더 불만스러워진다. 왓슨 아주머니는 헉에게 올바로 행동하지 않으면 '나쁜 곳'에 가게 될 것이라고 말하는데, 헉은 왓슨 아주머니만 그곳에 없으면 어디든 상관없다고 생각한다.

저녁에 헉은 뜻하지 않게 어깨 위에 있는 거미를 죽이고는 불운이 닥칠까봐 걱정한다. 마을시계가 열두 시를 칠 때, 헉은 창 밖에서 나는 소리를 듣고 창을 넘어가 보니 톰 소여가 그를 기다리고 있다.

　이 소설은 서두에서 독자들에게, 헉 핀이 화자로서 자기 이야기를 자신만의 언어와 사투리(문법적 오류와 철자가 철저하게 엉망인), 그리고 자기 자신의 시각으로 풀어갈 것이라고 알려준다. 트웨인은 1인칭 이야기체 관점을 활용함으로써 사투리로 된 전통적인 남서부식 유머를 견지한다. 즉, 헉은 어리고 무지한 미주리 출신 소년의 어투로 말한다.

또한 첫 문장에서는 〈톰 소여의 모험〉을 넌지시 언급한다. 그 언급은 독자들에게 소년들과 그들의 모험에 대해 상기시킨다. 트웨인에 따르면, 그 목적은 '자기들이 어떻게 느끼고, 생각하고, 이야기했는지, 그리고 자기들이 때때로 얼마나 괴상한 모험에 휘말렸는지'에 대한 기억을 되살려주기 위한 것이었다고 한다. 이어서 헉—트웨인—은 '그건 중요하지 않다'고 하면서 그 작품을 뒷전에 둔다. 비록 소년다운 이야기들이 헉 핀, 특히 톰을 포함한 부분들에서 주제로 재등장하지만, 그것들의 주된 목적은 정다운 기억들을 끄집어내기 위한 것이라기보다는 오히려 트웨인 당대의 비평과 소통하기 위한 것이다. 이 이야기는 또한 독자들이 트웨인의 이전 작품을 읽었는지 아닌지는 중요하지 않다는 점을 분명히 하고 있다. 〈헉 핀〉은 헉의 이야기이고, 헉이 그것을 그의 자연스럽고, 순진한 시각으로 말할 것이다.

1장은 몇 가지 중요한 문학적 요소들을 도입한다. 이 소설에서는 유머가 다양하게 활용된다. 하지만 헉에게는 논리적으로나 실질적으로나 이해되지 않는 사건, 그리고 믿음과 나란히 자리하고 있는 그의 무표정한 내레이션과 무미건조한 감각도 많은 유머를 제공한다. 왜냐하면 헉은 어리고 순진하기 때문에 폭넓게 설명하지 않고 직접적으로 사건과 사람을 묘사한다. 우스운 상황과 얘기도 헉의 융통성 없는 접근으로는 재미가 없기 때문에 그는 웃지 않는다. 풍자를 알아차리지 못하는 것이다. 그는 사회적, 종교적, 문화적, 또는 개념의 미묘한 차이에 대해서도 배운 적이 없으므로 그것들을 표현하지 않는다. 예를 들어, 왓슨 아주머니가 헉에게 "나는 좋은 곳(천당)에 가기 위해 살아갈 거야"라고 말하자, 헉은 "그녀가 가려는 곳에 가야 하는 이점을 발견할 수 없었다"고 반응하면서, 그곳에 가려고 노력하지 않기로 마음먹는다. 헉은 불경스럽거나 비꼬려는 의도 없이 그냥 있는 그대로를 진술하는 것으로, 그가 이 소설 내내 보여주는 인생에 대한 융통성 없는 실질적 접근을 암시한다.

주제 탐색 1장은 또한 이 작품에 스며 있는 주제와 관련된 중요한 관념, 즉 사회의 기대와 대비되는 자연스럽고 자유분방한 개인주의를 소개하는 기능도 한다. 헉은 자기를 교화시키려는 사회적 기대에 감금당하는 느낌을 갖고 자신의 단순 태평한 생활로 돌아가고 싶어 한다. 헉은 달쑥한 옷, 성경공부, 철자수업, 지켜야 할 예절 같은 사회·문화적 허식을 싫어한다. 그는 사람들이 그러한 환경에서 살고 싶어 하는 이유를 이해할 수 없으며, 아무도 자기를 '교화'시키려고 하는 사람이 없는 이전 생활로 돌아가기를 간절히 바란다.

자유와 교화의 대비는 이 소설에 가득 배어 있고, 생래적인 자유(사회로부터의 자유)를 추구하는 헉의 몸부림은 사회적 자유(사회 안에서의 자유)를 얻으려고 노력하는 짐의 보다 더 중요한 몸부림을 그대로 반영한다. 헉과 짐은 위험을 무룹쓰고 미시시피 강 하류를 여행하면서 자유를 찾아 나아가는 데, 문명사회는 그들의 꿈을 손에 넣는 데 커다란 장애물만 선사한다. 독자들은 시작부터 문명사회란 종교와 노예제도를 포함한 특정한 위선들로 꽉 차 있다는 것을 깨닫게 된다. 트웨인은 헉의 거리낌 없는 내레이션을 통해 19세기 문학과 사회제도에 대해 신랄하게 비판한다. 그 범위는 제임스 페니모어 쿠퍼* 같은 작가의 소설에 대한 문학적 혐오에서부터 그가 소년시절을 보낸 마을에서 경험했던 기독교의 노예제도 수용과 같은 종교적 위선에까지 미치고 있다.

노예제도와 인종차별 같은 역사적 현실은 의심의 여지 없이 〈헉 핀〉에서 가장 중요하고도 논란이 분분한 요소다. 자유와 교화의 사이에 깊숙이 자리하고 있는 문제는 노예제도이며, 1장에서 나타나는 '깜둥이'란 멸시조의 속어는 독자들에게 이후에 나오게 될 상스러운 언어에 대한 준비를 시키고 있다. 트웨인은 그 지역과 분위기를 묘사하기 위해, 지역적인 편견과 거기에 수반되는 언어를 편집하지 않기로 마음먹는다.

독자는 이 소설을 읽는 동안 두 가지 중요한 점을 계속

---

* **제임스 페니모어 쿠퍼** (James Fenimore Cooper. 1789-1851): 뉴저지 주 벌링턴 출생. 1823년 역사로망스 〈개척자들〉을 시작으로 〈모히컨의 최후〉 등 18년에 걸쳐 다섯 권으로 된 가죽각반 이야기를 성공시켜 작가로서의 명성을 얻음. 이 연작은 건국초기 미국의 변방지역을 배경으로 인디언과 백인 문명이 만나면서 벌어지는 문화적·인종적 갈등을 다룸.

염두에 두고 있어야 한다. 첫째, <u>풍자작품이다</u>. 따라서 빗댐, 빈정거림, 신랄한 해학은 우둔함, 악덕, 멍청함을 공격하거나 폭로하기 위해 사용된다. 둘째, (헉의 관점에서 이야기를 풀어가는) <u>1인칭 서술형이다</u>. 이 가운데 하나라도 헷갈리면 근본적인 오역을 할 수도 있다. 헉이 말하는 상황, 문제, 사건에 대한 느낌과 해석이 반드시 작가의 즈장은 아닌 것이다.

1장 끝부분까지 가면 독자는 헉어 대해 많은 정보를 모으게 된다. 어머니는 돌아가셨고 아버지는 마을 주정뱅이며, 그는 '일년 내내… 하루 1달러씩'의 수입을 올리고, '책상물림 공부'는 부족하고, '고상한' 방법들은 싫어하고, 자기 주변의 세세한 것들을 예리하게 지켜보는 현실주의자다.

Chapter 2

짐의 등장과 톰 소여 일당의 도원결의

헉과 톰은 과부댁 더글러스 여사의 집에서 몰래 빠져나오다가 헉이 발이 걸려 넘어진다. 그 소리에 왓슨 아주머니의 노예 짐이 귀를 쫑긋 세운다. 짐은 무엇 때문에 소리가 났는지 찾다가 소년들을 발견할 뻔하지만 이내 다시 곯아 떨어진다. 짐이 자고 있는 동안, 톰은 짐의 모자를 가져다가 나뭇가지 위에 걸어놓는다. 나중에 짐은 사람들에게 마녀가 자기에게 주술을 걸고는 주 전역을 끌고 다녔다고 말한다. 짐의 이야기는 말을 할 때마다 부풀려져서 마침내 그가 마법에 걸린 얘기를 들으려고 도처에서 노예들이 올 정도가 되었다. 이 일이 있은 후 그는 마녀 전문가로 여겨진다.

헉과 톰은 마을소년들을 만나 함께 강 하류 2마일 지점에 있는 숨겨진 동굴로 간다. 동굴 속에서 톰은, 이 강도단은 '톰 소여 일당'으로 부를 것이고, 일당에 끼고 싶은 사람은 선서를 하고, 피로 자기 이름을 써야 한다고 선언한다. 소년들은 모두, 만약 일당의 비밀을 발설하는 단원이 있으면 그의 목을 벤 다음 가족까지 없애 버릴 것이라고 맹세한다. 그 중 한 소년이, 만약 헉 핀은 찾을 수 없는 아버지를 빼면 가족이 없기 때문에 그 서약은 불공평하다고 말한다. 헉은 왓슨 아주머니를 자기 가족으로 내세우고, "그녀를 죽이면 돼"라는 말로 해결책을 찾는다.

톰은 해적에 관한 책들을 참고해서 일당의 장래 사업으로 강도와 살인을 꼽는다. 나머지 소년들이, 왜 모든 것이 그렇게 복잡해야 하고, 몸값

과 망보는 사람들이 꼭 필요한 것인지 의아스러워하자, 톰은 자기가 "그
것을 책에서 읽었고, 따라서 당연히 우리도 그렇게 해야 한다"고 대답한다.

2장은 혁의 장래 길동무이자 친구인 짐을 소개한다. 미
주리 주에서는 대부분의 노예들이 농장노동자가 아니
라 집안하인들이었다. 혁을 통해 그려지는 짐의 초기행동들은
당시 흑인들의 전형적 특성, 즉 게으름, 과장하기, 우쭐대기다.
미신에 대한 짐의 믿음은 혁과 비슷한 정도이며, 그날 밤 자기
에게 일어났던 일에 대한 짐의 설명은 속기 쉬운 천성이나 자

기가 맞닥뜨리는 상황을 최대한 이용하는 기회주의자의 면모를 드러내는 것으로 해석될 수 있다. 트웨인은 짐에 대한 초기 묘사에서 헉의 편견뿐만 아니라 독자의 편견도 가볍게 건드린다. 짐은 마녀 얘기로 많은 득을 보고, 가공의 납치사건을 현명하게 이용해 동료들 사이에서 자신의 능력을 추켜세운다. 그럼에도 불구하고, 짐이 일부 부정적 특성을 내보인다는 암시 때문에 〈헉 핀〉을 교실에서 가르치는 것이 반발을 사기도 한다.

하지만 짐은 악마를 보고 마녀에 납치당했던 멍청한 사내 이상으로 훨씬 더 복잡한 인물이다. 더군다나 소설 서두에서 짐을 아주 단순한 사람으로 해석한 것은, 소설 후반에서 그의 품성이 지닌 진정한 깊이가 드러나면서 고정관념의 편협성을 더욱 부각시킨다. 독자들은 헉을 알아가면서 짐과 그의 훌륭한 품성에 대해서도 알게 된다.

2장에서는 톰 소여의 성격도 소개된다. 톰은 헉과의 돈독한 유대관계와 우정에도 불구하고, 헉과는 대비되는 인물—대조되어 남을 돋보이게 하는 인물—이다. 톰은 헉이 혐오하는 허황되고 무감각한 사회를 대표한다. 그의 성향은 모든 상황을 지배하고, 공상적으로 묘사하고, 과장한다. 톰이 가진 모험에 대한 전문적인 식견은 그가 많이 접한 해적소설에 근거한 것이다. 톰의 익살맞은 과장은 통속적이고 미화된 허구소설에 대한 트웨인의 거부감을 상징한다. 이후, 3장에서 톰은 허구소설의 전형으로 〈돈키호테〉를 언급한다. 아이러니컬하게도 세르반테스는 트웨인과 흡사하게 〈돈키호테〉에서 허황된 모험담을 빈정대고 있다. 톰은 이 소설의 풍자적인 성향을 몰랐지만 트웨인은 그렇지 않았음이 분명하다.

톰 소여의 장난스러운 해학과 달리, 헉 핀의 해학은 트웨인이 관찰한 그 사회의 위선, 폭력, 야비함을 이용한 호된 풍자다. 예를 들어 톰이 일당에게 사람들을 '동굴로 끌고 와 랜섬을 받을 때까지 잡아둘 몇몇을 제외하고는' 강탈을 하고 나서 없애 버릴 것이라는 결정사항을 말할 때, 톰을 포함해서 그 누구도 '랜섬(ransom, 몸값)'의 의미를 알지 못한다. 소년들은 단어의 의미를 '그들이 죽을 때까지 붙잡아둔다'로 유추한다. 물론, 이 뜻은 틀린 것이지만 더 큰 사회에서와 마찬가지로 그 집단에서 사실로 믿으면 그것이 그들의 진실이 되고, 나머지 행위는 이 오류에 바탕을 두게 된다는, 심각한 주제를 해학으로 가볍게 공략한 것이다.

Chapter 3

  응답 없는 기도는 왜?

다음날, 헉은 더러운 옷 때문에 왓슨 아주머니에게 꾸중을 듣지만 더글러스 여사는 그를 꾸짖지 않는다. 왓슨 아주머니는 헉에게 기도를 통해 원하는 것을 얻을 수 있다고 설명한다. 그 후 며칠간 그녀는 헉에게 기도를 드리게 하고, 헉은 왜 자신이 기도로 구하는 낚싯바늘이 나타나지 않는지 이해하지 못한다.

이 즈음 헉은 아버지 팹 핀이 강에서 익사체로 발견되었다는 얘기를 듣는다. 미신을 믿는 헉은 시체가 엎드린 채로 떠내려갔기 때문에 그것이 팹이라는 사실을 믿지 않고, 폭력적인 팹이 다시 나타날까봐 걱정한다. 톰 소여 일당은 그들이 시도한 유일한 모험이 주일학교 소풍에서 약탈하려고 한 것뿐이라 해체한다.

3장에서 현실적인 헉은 다시 종교를 이해하려고 노력한다. 왓슨 아주머니가 헉에게 기도를 통해 원하는 것을 모두 얻을 수 있다는 말을 하자 융통성 없는 헉은 자기가 낚시도구를 받을 수 있을 것으로 믿는다. 그는 기도의 개념을 곰곰이

새기면서, 만약 기도로 뭐든 얻을 수 있다면 왜 자기는 낚싯바늘을 얻지 못하고, 과부댁은 도난당한 은제 코담배갑을 찾지 못하며, 왓슨 아주머니는 살이 찌지 않는지 의아스러워한다. 이 우스운 상황은 헉이 자기 환경에 융통성 없이 접근하는 또 하나의 예다. 헉은 모든 것을 액면 그대로 받아들이고, 기도의 개념이나 '영적인 선물'을 이해하지 못한다. 그는 종교를 거부하지 않지만, 고지식한 사고방식은 외견상 비현실적이고 거짓처럼 보이는 신앙으로 인해 고민에 빠지게 만든다.

더욱 중요한 것은, 톰이 자기 보호자들은 종교를 다르게 실천한다는 것을 알기 시작하면서 자신의 몸부림을 과부댁 더글러스 여사와 왓슨 아주머니의 종교와 비교하고 대비시킨다는 점이다. 트웨인은 헉을 통해 종교에 대한 자기 자신의 의혹과 노예제도와의 관계를 탐구하고 있다. 짐을 소유한 사람이 과부댁 더글러스 여사가 아니라 왓슨 아주머니인 것과 헉이 끊임없이 종교와 사회규범에 대해 의문을 갖는 것은 우연이 아니다. 마침내 헉은 두 부류의 하나님이 있다고 결론을 내리고, 왓슨 아주머니의 하나님을 피해 더글러스 여사가 설명하는 하나님에게 가고 싶어 한다.

인물탐색 3장은 계속해서 톰과 헉을 대비도는 인물로 구축한다. 헉은 자기가 보고 듣는 모든 것에 융통성 없이 접근하는 데 반해, 톰의 지식은 오로지 그가 읽은 책에서 나온다. 한편 헉은 종교를 의심하고 톰의 '마술사들과 아랍인들'을 날조

된 것으로 보기 시작한다. 헉이 보기에 톰의 상상력은 왓슨 아주머니의 종교와 동급이며, 그는 두 사람의 얄팍한 성향을 믿지 않는다. 이러한 접근은 이 소설 내내 헉에게 도움이 된다. 비록 그는 기도를 완벽하게 이해하지 못하지만 "다른 사람들을 도와야 하고… 언제나 그들을 찾고, 결코 나 자신에 대해 생각하지 말아야 한다"는 과부댁의 설명은 이해한다. 헉은 자신의 양심과 믿음을 적용해서 한 인격체로 성장하고 자기 자신의 의견을 형성하며, 사회의 가치와 현상을 맹목적으로 받아들이지 않을 수 있게 된다.

Chapter 4

우려가 현실로 — 아버지가 나타나다

　서너 달이 지난 후 헉은 집 밖에 있는 눈에서 수상한 발자국을 발견한다. 뒤꿈치가 십자로 파인 것으로 보아 그것은 팹 핀의 장화와 똑같이 생겼다. 헉은 팹이 돌아온 것을 걱정하기 시작한다. 헉은 팹으로부터 상금을 지키기 위해 대처 판사를 찾아가 돈을 그의 소유로 하라고 설득한다.

　짐이 마술을 부리는 능력을 가졌다는 소문 때문에 헉은 그에게 팹이 장차 어떤 짓을 하고 어디에 머무를지를 예언할 수 있는지 묻는다. 짐은 모구(毛球)를 땅 위에 놓고 헉의 운명에 귀를 기울인다. 짐은 팹의 머리 위에 천사 둘—하나는 백인이고 하나는 흑인—이 떠다니고 있으며 팹이 어느 쪽 삶을 살기로 결정할지 모른다고 말한다. 또한 짐은 헉의 머리 위에도 천사 둘이 있으면서 헉을 바른 길로 가도록 도우려 한다고 말한다. 그날 밤 자기 방으로 돌아온 헉은 그를 기다리고 있는 팹을 발견한다.

　팹의 발자국을 보자 헉은 팹과 맞서는 위험을 감수하느니 돈을 남에게 줘버리려고 한다. 그는 팹이 위스키나 탐욕에 의해서만 생기가 돌며, 자기가 가난하다면 자기를 가만히 내

버려둘 것이라고 생각한다. 3장에서 팹은 '피혁공장에서 술에 취해 돼지와 함께 누워 있곤 하던' 마을 부랑자로 그려지고, 헉은 그러한 얘기에 덤덤하다. 그러나 팹의 평판에 무관심하던 헉은 팹이 마을로 돌아왔다는 것을 알고는 바뀐다. 헉의 두려움은 약하게 묘사되지만, 팹과 지낸 이전 생활이 폭력적이고 비정상적이었음을 암시한다. 더욱이 그 폭행에 대한 위협은, 남북전쟁 이후 혼란스럽고 폭력적인 환경, 즉 헉이 약삭빠르고 교활함에도 불구하고 완전히 피할 수는 없는 환경이란 주제를 뒷받침한다.

4장은 계속해서 헉과 짐은 미신에 사로잡혀 있고, 그것은 그 사회와 환경의 소산임을 기록한다. 짐은 팹의 의도를 알아내려고 모구를 사용하고, 결국 짐은 팹보다는 헉의 미래를 예측하게 되는데, 그 둘 사이의 유사점은 분명하다. 짐의 말에 따르면, 팹과 헉 두 사람의 '머리 위에 두 천사가 떠다니고' 미래는 불투명하다. 짐은 헉에게 교수형 당할 운명이므로 물을 멀리하라고 경고한다. 헉의 미래에 나타나는 암흑은 미시시피 강을 직접적으로 가리키는 것이고, 헉은 그것 때문에 고통받게 되리라고 운명지어진 것이다. 예정된 운명을 끼워 넣은 것은 트웨인의 칼뱅주의*적인 배경을 반영한다. 그러

---

* **칼뱅주의**: 16세기 프랑스의 종교 개혁자 칼뱅에게서 발단한 기독교 사상. 신의 절대적 권위를 강조하고 예정설을 주장하였다.

나 더욱 중요한 것은, 두 천사의 싸움이 짐의 자유와 관련해
나중에 혁이 겪게 될 양심과의 싸움을 암시한다는 점이다.

Chapters 5, 6

 결행의 순간은 다가오고

그날 저녁, 헉은 그의 방에서 팹을 발견한다. 헉은 처음에는 놀라지만 팹의 몰골이 아주 남루한 것을 보고는 위협이 되지 않겠다고 판단한다. 팹의 머리카락은 '길고 엉켜 붙어서 기름이 줄줄 흐르고' 얼굴은 극도로 창백하며, 옷은 너덜너덜하다. 팹은 헉이 자기에 비해 너무 말쑥하다는 것을 알아차리게 되고, 이어서 헉이 학교에 다니고 아버지보다 나은 사람이 되려고 노력하는 것이 못마땅해 일장 연설을 늘어놓는다.

그 후 며칠 동안 팹은 대처 판사로부터 헉의 돈과 양육권을 얻어내려고 한다. 팹은 헉에게서 1, 2달러를 받는 것을 제외하고는 한 푼도 손에 넣지 못한다. 과부댁이 헉을 양육하고 싶어 하지만, 팹은 자기가 변했으며 술과 죄로부터 벗어난 삶을 시작하겠노라고 신임 판사를 설득한다. 신임 판사는 '아버지로부터 아이를 빼앗지 않는 쪽을 택한다'고 판결하고 팹에게 양육권을 인정한다. 그러나 (판사가 자기 집에 재워준 호의도 무시한 채) 팹이 몰래 빠져나가 '인사불성으로 취해' 팔이 부러지자 신임 판사는 자기가 어리석었음을 깨닫는다.

헉은 학교를 피하기는 커녕, 팹을 괴롭히기 위해 다닌다. 과부댁이 팹에게 자기 집 주변을 어슬렁거리지 말라고 하자 헉을 납치해서 강 상류의 일리노이 강기슭으로 데리고 간다. 과부댁이 헉이 있는 곳을 알아내 사람을 보내지만 팹이 총으로 쫓아 버린다.

수개월 후, 팝의 매질이 도를 넘고 잦아지자 헉은 달아나기로 마음먹는다. 헉이 결심하던 날 밤, 팝은 만취해 법률과 흑인에 대한 긍정적인 처우를 놓고 정부를 비난하기 시작한다. 口 침내 둘은 잠이 들고, 헉이 잠에서 깨어났을 때 팝이 뱀을 보고 비명을 지르며 흑을 "저승사자"라고 부르는 모습을 보게 된다.

팝을 발견하자마자 헉은 맨 먼저 과거에 당했던 매질이 떠오른다. 그러나 헉은 팝의 행색을 보고는 마음이 누그러진다. 남루한 몰골은 위협적이라기보다 허풍스런 모양을 한 어릿광

대나 익살꾼처럼 보인다. 그 모습은 미국식 해학에 등장하는 다른 과장스런 개척시대의 인물들과 유사하지만 팹은 그 이상이다. 그는 이 소설에서 가장 사악한 인물이고, '몸을 아프게 하는 백인, 몸의 살점을 근질근질하게 하는 백인'이다.

팹의 위협은 반어법이 두드러져 해학적이다. 도대체 어떤 아버지가 아들이 글공부를 하는데 그것을 막는단 말인가? 하지만 4장에서와 같이, 그 협박은 헉이 예전에 팹에게 맞고 살았다는 사실을 알게 되면 실마리가 풀린다. 헉은 그 후 수개월을 갇혀 살면서 예절, 공부, 종교로부터 자유로운 예전 생활을 즐기기 시작한다. 그러나 팹과의 '자유로운' 생활은 육체적 학대라는 대가를 치른다.

주제 탐색 팹이라는 비참한 인물은 사회의 또 다른 부정적 요소를 대표한다. 그는 아집과 증오를 발산한다. 정부와 흑인을 부정하며 내뱉는 가소로운 장광설에서는 거만함과 무지, 그리고 헉에 대한 묘사에서는 희극적 유머가 확연히 나타나기 때문에 애처로울 만큼 우스꽝스럽다. 하지만 그러한 빈정댐은 그것이 무지와 불안정에 바탕을 둔 흔한 인종차별적 태도를 상징하기 때문에 재밌기보다는 고통스럽다.

문학적 장치 6장 끝부분에서 팹은 환각 속에서 헉을 '저승사자'라고 부른다. 이 꼬리표는 중요하며, 헉이 미시시피 강 하류로 달아나면서 조우하는 수많은 죽음의 전조가 된다.

Chapter 7

  혁, 길을 떠나다

다음날 혁은 물이 불어나는 강 위를 떠다니는 통나무배를 발견한다. 밤에 팹이 술을 마시러 나가자 혁은 톱질해 두었던 오두막 벽에 난 구멍을 통해 탈출한다. 그는 오두막에 있는 양식을 모두 챙겨 통나무배에 싣고는, 멧돼지를 잡아 그 피로 자신이 마치 살해당한 것처럼 해놓는다. 혁은 자기의 살해 장면을 연출해 놓으면 추격의 위협을 받지 않고 달아날 수 있으리라 생각한다. 어두워지자 그는 통나무배를 타고 길을 떠나 하류의 잭슨 섬에 당도한다.

: 풀어보기

주제 탐색 트웨인은 평생, 그리고 작가생활을 하는 동안 자신을 사로잡았던 그 강을 문학을 통해 독자들이 일별하도록 해준다. 고요한 미시시피 강은 재빨리 혁을 다독여 잠들게 한다. 그 강은 혁의 평화롭고 자연스런 삶의 상징이 된다. 강에 대한 묘사는 강변의 가혹하고 혼란스러운 세상에 반해, 전반적인 자연의 평온함을 강조하기 때문에 중요한 의미가 있다.

소설 전체를 통해 트웨인은 계속해서 두 세계의 차이점을 개관하고, 평화로운 강과 잔인한 강변을 나란히 놓아 ‘뗏목/강변 이분법’으로 묘사한다.

혁의 도주는 그의 창의성과 총명함을 보여주지만, 논리적인 도주 방식도 확인된다. 혁이 도끼에 피를 묻히는 것에서부터 곡식이 가득한 자루를 질질 끄는 것까지, 모든 행동은 실질적이고 그의 계획에 유용하다. 비록 그가 톰이 그 자리에 함께 있으면서 ‘환상적인 솜씨를 발휘해 주었으면’ 하고 바랐지만, 독자들은 톰이 힘을 보탰으면 해결책보다는 문제가 더 발생했으리라는 것을 알고 있다. 혁의 실용주의는 각각의 사건들에 반응해 서술하는 이야기뿐 아니라 그의 직접적인 행동에서도 뚜렷하게 드러난다. 혁의 자기 의존적인 특성은, 후에 자기 생각이 요구되고 일반적으로 용인되는 믿음을 거부해야 하는 결정들과 직면할 때 큰 도움이 된다.

Chapter 8

 **짐과 맞닥뜨리다**

　잭슨 섬에 있던 헉은 연락선에서 쏘는 대포 소리를 듣고 잠이 깬다. 이 소년은 대포를 쏘면 익사체가 수면으로 떠오른다는 것과 그들이 자신을 찾고 있는 게 분명하다는 것을 알고 있다. 헉은 시체를 찾아내는 또 하나의 방법으로 수은을 채운 빵조각을 쏜다는 것도 기억해낸다. 그는 강가를 뒤지다가 큰 빵조각을 발견하고는 기도가 통한 것이 아닌가 생각한다. 누군가가 빵조각으로 자기 시체를 찾아주었으면 하고 기도를 올렸을 것이고, 어쨌거나 그 기도는 효험을 발휘했던 것이다.

　헉은 이제 자신이 무사하다는 것을 확신하고 섬을 탐사하다가 방금 꺼진 모닥불 재를 발견하게 된다. 헉은 안전을 위해 나무 위로 올라갔으나 호기심을 이기지 못하고 그 장소로 돌아왔다가 왓슨 아주머니의 노예 짐을 발견한다. 짐에게 자기가 유령이 아니라는 것을 납득시킨 헉은 왓슨 아주머니가 그를 강 하류의 뉴올리언스로 팔아 버리려 했기 때문에 도주했다는 것을 알게 된다.

　저녁 내내 짐은 미신에 대한 지식으로 헉을 경탄하게 만든다.

인물 탐색 ─ 헉이 기도와 관련지어 수은 빵이 그를 찾게 된 논리를 짐작해내려 하는 모습은 해학이 넘친다. 미신적인 행위 (수은 빵)와 종교적 관습(기도)의 결합은 헉의 신앙이 그 두 가지를 모두 내포하고 있음을 보여준다. 그는 왓슨 아주머니의 종교를 받아들이기가 거북하면서도 여전히 그 힘에 대해서는 두려워하고 존중한다. 그러한 태도는 미신적 행위에서도 마찬가지다.

짐과 마주친 헉은 그 도망노예에게 그 섬에 있는 이유를 묻지 않고, 자신이 살아 있다는 것을 그가 발설할 거라 걱정하지도 않는다. 헉의 첫 번째 반응은 동지를 만난 기쁨과도 같은 것이다. 더욱 중요하게도 짐의 재등장으로 자유와 교화라는 중요한 주제가 헉으로부터 짐에게로 확장되고, 미시시피강 하류로의 대장정으로 이어지는 환경을 갖추게 된다.

사회의 제약과 법률에 맞선 헉의 끊임없는 싸움은 이제 인종과 노예제도라는 보다 심각한 문제까지 포함하게 된다. "사람들은 나를 비열한 노예폐지론자라고 부르고, 잠자코 있는다고 경멸할 것"이라는 헉의 말은 그가 속한 사회가 노예제도를 비난하는 사람을 용인하지 않는다는 것을 보여준다. 이것은 헉이 맨 처음 행하게 되는 중대한 사회와의 단절인 한편, 그가 인식하듯 그의 복귀를 거의 불가능하게 만드는 단절이다.

그러한 입장은 노예제도가 용인되었던 남부에서 지낸 트웨인 자신의 소년시절 경험과 유사하다 비록 헉은 사회의 신앙을 거부하는 경향을 보여왔지만 그 영향력이나 가르침을 쉽사리 잊지는 못한다.

이 장에서는 또한 헉과 짐의 관계, 그리고 서로 대조를 이루는 그들의 역할이 제대로 자리를 잡게 된다. 헉이 처음에 묘사했던 짐은 틀에 박힌 흑인의 모습이었던 데 반해, 이 장에서는 미신의 권위자임이 드러난다. 헉은 융통성 없는 성향 때문에 쉽게 감동하지 않지만 징후와 미신에 대한 그의 믿음으로 짐을 '모든 것을 알았던' 사람으로 높게 본다. 게다가 트웨인은 자신의 주제를 발전시키기 위해 쌍둥이 형상을 이용하기 좋아했다. 어떤 작품에서는 그 형상이 뚜렷하고(예를 들어, 〈얼간이 윌슨〉과 〈왕자와 거지〉), 어떤 작품에서는 비교적 포착하기 어렵다. 이 작품에서 톰과 헉은 다른 지배적 개성을 지닌 쌍둥이로, 톰은 몽상가이그, 헉은 현실주의자다. 마찬가지로, 짐과 헉도 쌍둥이 형상으로서, 각자 자기들만의 자유를 찾고 있지만 한 사람은 흑인이고, 한 사람은 백인이다.

Chapters 9, 10

잭슨 섬에서

잭슨 섬을 탐사한 짐과 헉은 가파른 산마루 높은 곳에 숨어 있는 동굴을 발견한다. 그들은 통나무배를 감춘 다음, 자신들의 소지품과 생활필수품을 운반해 동굴로 간다. 헉은 그 위치가 너무 험해 갈 수 없다고 생각하지만 짐은 그곳이 사람들과 비를 피하는 데 도움이 될 것이라고 우긴다. 짐이 8장에서 예측한 것과 같이 거센 폭풍이 온다.

강은 열흘 아니면 열이틀 동안 불어나고, 범람한 물로 인해 짐과 헉은 잔해들 속에서 쓸 만한 물건들을 구할 기회를 잡는다. 어느 날, 그들은 2층 목조가옥이 떠내려 오는 것을 발견한다. 짐은 그 집 안에서 죽은 사내를 보고는 헉에게 '너무 끔찍하니까' 얼굴을 보지 말라고 이른다. 그들은 시체를 피해 집을 뒤져 옷과 병, 그리고 기타 가재도구들 사이에서 '낡은 밀짚모자'를 발견한다.

동굴로 돌아온 헉은 짐에게 죽은 사내에 관한 얘기를 시키지만, 짐은 그러면 불행이 오고 '우리에게 귀신이 붙을 수도 있다'고 말하면서 피한다. 그들은 떠내려가는 집에서 가져온 잡동사니들을 뒤져 외투에서 8달러를 찾아낸다.

돈과 생필품에 기분이 좋아진 헉은, 짐의 말에도 아랑곳 않고 행운을 잡았노라고 주장한다. 그 후, 헉은 짐을 골탕 먹이려고 죽은 방울뱀을 그의 담요 발치에 갖다 놓는다. 짐이 잠을 자려고 눕다가 거기에 있던 죽은 뱀의 짝에게 물린다. 짐은 며칠 동안을 앓아눕고 팹의 위스키로 뱀에 물린 고통을 누그러뜨린다. 마침내 그는 원기를 회복하고, 헉은 미신과 짐의 전문지식에 도전하는 행위가 얼마나 위험한 짓인지 깨닫는다.

며칠 후, 헉과 짐은 무슨 소식을 들을까 하고 마을에 숨어들기로 한다. 헉은 소녀로 변장하고 낯선 여인의 오두막으로 간다.

인물탐색 폭풍을 예측하는 짐의 능력은 약하게 묘사되었지만 중요한 순간이다. 독자들이 알다시피, 팹 핀은 자기에게 편리한 때를 제외하고는 아버지 역할을 하지 못한다. 이에 비해, 헉을 보호하고 배려하는 짐의 성향은 이 소설 내내 뚜렷이 나타난다. 그 하나의 예는 떠내려가는 집에서 헉에게 죽은 사내의 얼굴을 보지 못하게 할 때다. 그 행동은 이상하지만 이 소설의 마지막 장에서 죽은 사내가 팹이란 사실이 드러나면서 헉을 보호하고 배려하는 짐의 성향이 더욱 명확해진다.

문학적장치 죽은 사내의 발견으로, 초기에 헉에게 붙은 '저승사자'란 꼬리표가 9장과 10장에서 다시 등장한다. 자신의 죽음을 꾸민 것과 그것을 둘러싼 미신에도 불구하고, 헉은 짐이 그 집 안에서 시체를 발견하기 전까지는 죽음과 직면하지 않는다. 죽음을 접하고 느끼는 초기의 거부감은 사내와 그의 죽음을 초래한 사건에 대한 강한 호기심으로 바뀐다. "나는 누가 그 사내를 쏘았고, 무엇 때문에 그짓을 했는지 알고 싶어 자세히 보지 않을 수 없었다"고 헉은 말한다.

인물탐색 짐의 보호성향과는 대조적으로, 헉은 짐이 알고 있는 미신에 관한 지식을 존중하면서도 양식 없는 행동으로 여러 차례 골탕을 먹인다. 그 첫 번째 장난으로 짐이 뱀에 물린다. 그 일을 후회하는 헉의 모습에서 인격의 성장을 엿볼 수 있다. 이 장면은 그가 짐을 동지이자 친구로 소중히 여기고 있음을 보여주지만 짐을 당국에 넘겨야 한다는 그의 신념과 대립한다. 그 결과, 짐을 향한 존경심과 우정, 그리고 도망노예를 돕는다는 사회적 비난에 대한 두려움이 끊임없이 충돌한다.

Chapter 11

: 줄거리　**또다시 도주가 시작되고**

혁은 변장한 모습으로 한 여인의 집에 들어가 자신을 '후커빌에서 온 새러 윌리엄스'라고 소개한다. 여인은 혁을 소녀로 생각하고는 마을에서 일어난 일을 거침없이 말한다. 그러다가 마침내 화제가 혁과 짐에 대한 얘기로 돌아가, 현상금과 혁의 '살해'에까지 미친다. 마을사람들이 처음에는 팹 핀을 의심했지만 짐이 달아난 후에는 이 도망노예가 혁을 살해한 것으로 판단했다는 이야기였다. 아직까지 팹과 짐 모두 용의자로서, 마을에서는 짐에게 300달러, 팹에게 200달러의 현상금을 내걸었다고 한다.

그 여인은 자기가 짐이 숨을 만한 곳을 알 것 같다고 하면서, 잭슨 섬 위로 연기가 피어오르는 것을 분명히 보았노라고 말한다. 혁은 그 여인의 남편과 또 한 사내가 짐을 찾기 위해 잭슨 섬으로 향하리라는 것을 알고는 초조해진다. 그 여인은 혁이 떠나기 전에 그가 소녀가 아니라는 것을 알아차리게 되고, 혁은 둘러대기 위해 또 다른 황당한 얘기를 꾸며댄다.

혁은 서둘러 잭슨 섬으로 돌아와 "꾸물거릴 시간이 없어. 사람들이 우리를 쫓고 있다"는 소식을 전하며 짐을 깨운다. 두 도망자는 지독한 정적 속에서 야영지를 정리해 뗏목을 타고 강 하류로 향한다.

11장은 헉 핀이 가진 해학의 또 다른 일면, 즉 변장을 하고 터무니없는 얘기로 어른들을 설득해 믿게 만드는 능력을 보여준다. 실제로 헉은 대수롭지 않은 거짓말을 하며 미시시피 강을 여행하는 상상력 풍부한 사기꾼이다. 이런 성향들로 인해 루이자 메이 올콧 같은 작가는 헉이 어린 독자들에게는 부적합한 인물이라고 비난하기도 했다. 헉은 또한 전에 했던 이야기를 잊어 버리는 경향이 있고, 따라서 자신의 속임수를 계속 이어가기 위해 새로운 이야기들을 만들어내지 않을 수 없다. 끊임없이 변하는 꾸며대기는 분명 희극적이지만 그가 만나는 사람들의 무지뿐만 아니라 헉의 창작력을 보여주기도 한다.

인물 탐색 그 여인이 헉을 속여 정체를 밝혀내는 상황 역시 큰 재미를 준다. 헉은 아집이 강한 성격에도 불구하고 그 자신도 똑같은 형태의 농간에 자유롭지 못하다. 그 여인이 행한 속임수는 헉에게 그의 남성성, '소년'의 특성(예를 들어 바느질을 못하는 것)을 드러내게 만든다. 비록 그 여인이 헉이 소녀가 아니라는 것을 알아차려도 헉은 여전히 학대당하는 고아 견습공으로 둘러대 자기 이야기를 지켜낸다. 보태진 얘기 역시 사기와 사기꾼의 세계에서 성공하고 적응하는 헉의 능력을 하나 더 보여주는 예다.

11장은 혁과 짐이 함께 행동하는 것으로 끝난다는 점에 주목해야 한다. 혁은 짐이 위험에 처했다는 것을 알고는 사회의 평가는 생각하지 않고 단순하게 반응한다. 그의 시각에서는 추격하는 사내들은 자기들 두 사람을 모두 쫓는 것이다. 비록 그 결과가 혁에게는 별 영향을 미치지 않더라도 말이다. 다시 말하자면 혁은 무의식적으로 짐의 안전을 자신의 안전보다 우위에 두고 있고, 자유를 향한 각자의 몸부림은 하나가 된다. 혁과 짐이 '한 마디도 하지 않고 쥐죽은 듯 조용히 섬 기슭을 지나쳐' 미끄러져 나갈 때, 트웨인은 〈톰 소여〉의 유치한 모험담에서 한 발짝 더 나아가고, 두 부랑자의 관계를 굳건하게 만든 것이다.

Chapters 12, 13

좌초한 배 위의 악당들

짐과 헉은 낮에는 뗏목을 숨기고 밤에는 나아가면서, 미주리 산맥과 일리노이의 '울창한 삼림' 사이로 강을 따라 계속 하류로 간다. 세인트루이스를 지나고 닷새째 되는 밤, 그들은 바위에 좌초한 증기선과 마주친다. 짐은 난파선에 오르기를 원하지 않고 그것을 지나치자고 설득하지만 헉은 둘러보아야 한다고 우긴다.

배에 오른 두 사람은 무슨 소리를 듣게 되고, 두 사내가 한 사내를 결박해 놓고는 그의 운명에 대해 의논하는 것을 목격한다. 두 사내는 난파선이 곧 침몰할 것을 확신하고, 결박당한 사내가 익사하도록 내버려두기로 결정한다. 짐은 사내들의 작은 배를 풀어 그들을 난파선에서 오도가도 못하게 하려고 할 때, 뗏목이 풀려 떠내려가 버린 것을 알게 된다. 두 사내가 선실에 있는 동안 헉과 짐은 작은 배를 타고 난파선을 떠난다. 마침내 그들은 뗏목을 발견하고 작은 배와 사내들의 생필품을 뗏목에 싣는다.

마을에 당도하자 헉은 연락선 경비원을 발견하고 또 다시 고심해 만들어낸 이야기를 시작한다. 그는 자기 가족이 상류에서 난파된 증기선에 있다고 말한다. 그 배의 이름은, 독자들이 알고 있는 월터 스콧* 호다. 그

---

* **월터 스콧**(Walter Scott. 1771–1832): 영국 에든버러 출생. 웨이벌리 소설 시리즈를 통해 역사소설의 장르를 개척한 소설가이자 시인으로 스코틀랜드의 역사를 널리 알림.

사내는 현상금을 떠올리며 경보를 울리기 위해 서둘러 간다.

그날 저녁 헉은 난파선이 강을 따라 떠내려 오면서 조용히 가라앉고 있는 것을 보게 된다.

문제탐색 그 배의 이름을 월터 스콧으로 이름지은 트웨인의 결정은 몽상적인 소설과 그 작가들을 계속 조롱하는 것이다. 그러나 이 소설에서 그 난파선이 갖는 의미는 평화와 잔인함의 대조적 모습과 헉으로 하여금 죽음에 대해 생각하도록 만든다는 점이다.

주제탐색 12장은 짐과 헉이 미시시피 강 하류로 여행을 시작하면서 그들이 친숙한 환경과 결별하는 것을 보여준다. 평화로운 강의 형상은 여러 〈헉 핀〉 영화에서 본 장면들과 흡사하다. 다시 말해, 크고 편안한 뗏목에 탄 헉과 짐이 외부의 간섭으로부터 벗어나 새로운 삶의 평온함을 만끽하는 것이다. 비록 그 강은 헉과 짐에게 안식처로 보이지만 강기슭의 사악함이 난파선 월터 스콧 호의 형태로 찾아온다. 이렇게 트웨인은 사람들의 잔인함을 접목시켜 강의 평화로운 환경을 방해한다. 이러한 상황은 19장에서 공작과 왕이 뗏목에 오를 때 다시 등장한다.

두 사내의 야만성과 냉혹함에도 불구하고 헉은 그들을

죽게 내버려둔 것에 마음이 쓰인다. 여기에서 헉의 동정심은 뚜렷이 나타나고, 연락선 경비원에게 위험을 알려 그 사내들을 구하려는 시도를 한다. 그러나 '저승사자'는 월터 스콧 호가 침몰하면서 더 많은 희생자를 요구한다.

Chapter 14

　　언제나 옳은 짐?

　　다음날, 헉과 짐은 월터 스콧 호의 도적 패거리에게서 건진 전리품을 샅샅이 조사한다. 새로운 보물을 얻고 헉은 흥분하지만, 자칫 자신들이 잡히거나 익사했을 수도 있었다는 짐의 얘기에 의기소침해진다. 짐의 이야기를 듣고 난 헉은, 늘 그렇듯이 짐이 옳다는 것을 깨닫는다. 담요, 옷가지, 담배 사이에서 책을 여러 권 발견한 헉은 짐에게 왕, 공작, 백작 같은 몽상적인 인물들에 관해 읽어준다. 대화의 주제가 왕권과 솔로몬 왕으로 옮겨가자, 헉과 짐은 솔로몬의 논리에 관해 토의하고 그의 지혜에 수긍하지 않는다.

: 풀어보기

인물탐색　14장은 계속해서 헉과 짐의 역할을 정의하고, 헉이 글 읽을 수 있음에도 불구하고, 짐이 더 실질적으로 도움이 되고 성숙하다는 것을 끊임없이 보여준다. 처음으로 헉은, 짐이 월터 스콧 호가 얼마나 위험했었는지 설명하며 내세운 이런저런 근거를 받아들인다. 하지만 "그가 거의 언제나 옳다"

는 혁의 고백은, "깜둥이로서는 보기 드문 수준의 머리를 가졌다"는 말로 격이 낮아진다. 그 야비한 꼬리표—물론, 혁은 자신이 야비한 것을 인식하지 못하지만—는, 짐이 계속 우월한 논리를 보여주고 혁은 점점 더 그를 좋아하게 된다는 사실에도 불구하고, 혁은 여전히 짐을 지적으로나 인간적으로 동등하게 받아들이고 있지 않다는 것을 나타낸다.

두 사람이 솔로몬 왕에 대해 토른할 때, 짐은 실질적이지만 융통성 없는 설명으로 솔로몬이 '절대 현명한 사람이 아니'라는 것을 혁에게 납득시키지 못한다. 그러나 이 토론에서 본질을 비껴가는 사람은 짐이 아니라 혁이다. 그 실질적인 문제는 짐이 말하듯이 '더 나아가서—더 깊숙한 곳에 있다.' 이 말은 이 소설 후반에 혁이 겪게 되는 양심에 대한 토론의 전조가 된다.

Chapters 15, 16

헤어짐 – 만남 – 헤어짐

짐과 헉은 사흘 후면 일리노이 주 케이로에 도착할 것이고, 그때부터 증기선을 타고 오하이오 강을 거슬러 올라 자유주로 갈 수 있을 것이라고 믿었다. 그러나 이틀째 밤, 진한 안개가 끼고 급류 때문에 헉과 짐은 헤어진다. 큰 소리로 짐을 불러 보았지만 대답이 없자, 헉은 '잠깐 선잠'에 들기로 한다. 서너 시간 후 깨어 보니 하늘은 맑게 개어 있다.

헉는 마침내 짐을 발견하는데, 짐은 그를 다시 보자 눈물범벅이 된다.

헉은 그들의 재회를 자축하기는 커녕, 짐이 꿈을 꾸고 있었으며 자기는 밤새 뗏목에 있었던 것처럼 행동하기로 한다. 짐은 혼란스러워지지만 결국 헉이 거짓말하고 있다는 것을 눈치챈다. 그는 헉에게 장난치지 말도록 충고하고, 오로지 '쓰레기'만이 친구를 그런 식으로 대한다고 말한다. 잠시 후 헉은 부끄러워하며 짐에게 사과한다.

헉이 뭍에 올라 두 사람이 얼마나 왔는지 점검하기로 한다. 짐은 눈에 띌 정도로 흥분해 있고, 헉은 노여의 도주를 도왔다는 수치심과 싸우고 있다. 짐이 필요하다면 자기 아이들도 빼내서 노예상태에서 벗어나게 하겠다고 말하자, 헉은 상륙해서 짐을 당국에 넘겨야겠다고 결심한다. 그러나 헉은 새벽에 서둘러 상륙해서 자기 양심의 가책을 더는 대신, 마을 사람들과 마주치자 짐을 덮어준다.

잠시 후, 헉과 짐은 오하이오 강의 맑은 물을 보고는 자기들이 안개 속에서 케이로를 지나쳤다는 것을 깨닫는다. 그들은 상류로 향하기 위해 다른 통나무배를 사기로 하지만 증기선에 의해 뗏목이 파손되고 둘은 다시 헤어지게 된다.

1991년 이전, 평론가들은 트웨인이 16장 이후에 글쓰기를 중단하고 원고를 제쳐두었다고 널리 믿었다. 그 주장은 일리가 있어 보이는데, 케이로가 짐과 헉의 원래 목적지이기 때문이다. 만약 헉과 짐이 케이로에 도달하면 오하이오 강을 거슬러 올라 북으로 가게 되고, 이야기는 결말을 향해 치닫게 된다. 트웨인이 소설의 방향 때문에 고민을 많이 했다는 것은 분명하지만, 1991년에 발견된 〈헉 핀〉 원고의 앞부분 절반을 통해 트웨인이 18장까지는 계속 글을 썼고, 이후 2년간 원고를 제쳐두었음이 밝혀졌다.

비록 헉은 짐을 잃을 수 있었다는 생각에 괴로워하지만 끔찍한 장난을 치는데, 그것은 짐의 어버이스러운 태도와 뚜렷이 대비된다. 틀림없이 톰 소여라면 헉의 창의성과 상상력을 자랑스러워했을 것이다. 그러나 헉은 짐을 곤경에 빠뜨리는 것 이상의 행동을 했고, 그의 믿음과 우정을 이용했다는 것을 깨닫는다. 그 치밀한 장난으로 짐이 다치고, 그가 "널 잃어서 가슴이 찢어지는 것 같았고, 나나 뗏목은 어떻게 되든 개의치 않았다"는 고백에 헉은 허를 찔린다. 짐이 침울하게 말하자 헉은 몹시 부끄러워진다. 헉과 마찬가지로 독자들은, 짐이 항상 사회법의 반대편에 서 있는 소년을 위해 목숨이라도 바칠 것이란 사실을 깨닫는다.

사과하는 데 15분은 걸렸다고 한 헉의 말은, 실제 그랬다는 사실만으로도 우울하다. 짐과 헉이 살아가는 피폐한 세계에서는 백인이 노예에게 사과하는 것은 불필요할 뿐만 아니라 창피하기 짝이 없는 짓이기 때문이다. 그러나 헉은 자신이 사과하기로 한 결정을 후회하지 않으며, 짐의 의리에 대해 한 가지를 더 알게 된다. 그는 짐에게 다시는 장난을 치지 않지만 노예를 돕는다는 죄책감에서 벗어나지는 못한다. 짐을 보호하는 자신의 용감한 행위를 인정하지 않고 스스로를 비난하는 모습에서 그 상황의 아이러니는 차라리 고통스럽다.

케이로를 지나침으로써 트웨인은 미시시피 강과 남부의 친숙한 환경을 항해할 수 있게 된다 또한 하류로 가면서 헉은 본능과 사회가 지시하는 것 사이에서 끊임없이 싸운다. 그는 그 장난 때문에 창피함에도 불구하고 여전히 자기 양심과 씨름한다. 짐을 밀고하기로 헉이 곁심하는 것에서 감금상태에 있는 자식들을 구하고 싶어 하는 한 사내를 비난하는 노예제도의 비뚤어진 논리를 잘 엿볼 수 있다. 투쟁 없이는 인종차별에 대한 사회의 도덕률을 무시할 수 없다는 깨달음 역시 마찬가지다. 어쨌든 헉은 노예제도를 가능하게 하는 모든 사회적이고 문화적인 이론에 저항하고 있다.

주제 탐색 도망노예를 찾아다니던 두 사내에게 잡힌 헉은 짐을 구할 정교한 얘기를 꾸며내는데, 여기에서 다시 한 번 헉의 행위는 그의 자연스런 양심을 비춘다. <u>헉은 그가 생각하고 느끼도록 기대되는 것(즉, 학습이나 사회적 실례를 통해 배운 것)과 자기가 실제로 느끼고 생각하는 것(즉, 개인적이고 자연스러운 경험을 통해 발전시킨 것) 사이에서 끊임없이 고민한다.</u> 그는 짐을 돕는 자신을 발견하고, 짐은 점점 더 헉의 의리와 우정을 확인하게 된다.

Chapters 17, 18

 그랜저포드 가와 셰퍼드슨 가의 이유 없는 반목

강가에 올라온 헉은 자기 앞에 있는 멋진 통나무집이 그랜저포드 가의 소유임을 알게 된다. 그랜저포드 가족은 헉이 셰퍼드슨 가의 일원이 아닌 것을 확인하고는 집안으로 들여 따뜻한 옷가지와 음식을 준다. 그는 모두에게, 이름은 조지 잭슨이고 지나는 증기선에서 떨어졌다고 둘러댄다.

그랜저포드 가에는 벅이란 이름의 소년이 있고, 나이는 헉과 비슷해서 며칠 사이에 둘은 가까운 친구 사이가 된다. 헉은 큼직한 벽난로, 화려한 출입구 자물쇠, 정교한 실내장식을 갖춘 웅장한 집에 감탄한다. 무시무시한 그림들과 세상을 떠난 그랜저포드 가의 딸 에멀린의 시(詩)도 헉을 사로잡는다.

헉은 곧 그랜저포드 가가 셰퍼드슨이라는 또 다른 상류가문과 증기선 선착장을 함께 사용한다는 것을 알게 된다. 헉과 벅은 사냥을 나갔다가 벅이 청년 하니 셰퍼드슨을 발견하고 총을 쏘지만 빗나간다. 벅과 헉이 달아나는 동안 헉은 하니가 벅을 쏠 기회가 있는데도 그러지 않고 말을 타고 가버리는 것을 알아차린다. 헉은 하니를 의아하게 생각하지만 그가 자기 모자를 찾으러 간 것으로 판단한다. 헉이 그랜저포드 가와 셰퍼드슨 가의 반목에 대해 묻자, 벅은 너무나 오래되어서 애초에 왜 시작되었는지를 기억하는 사람이 아무도 없다고 말한다.

소피아 그랜저포드에게 메모를 전달한 헉을 그 가족의 노예 중 한 명이 소택지로 데려간다. 나무들 사이에서 헉은 짐을 발견하는데, 짐은 뗏목을 찾았다고 말한다. 다음날, 소피아가 하니 세퍼드슨과 달아난다. 두 집안의 반목은 고조되고, 벅을 비롯해 양가의 사내들 서너 명이 살해된다. 헉은 뭍으로 올라온 것을 후회하고, 차마 입에 담기도 역겨워 '일어난 일을 모두' 우리에게 말하지 못한다. 헉과 짐은 다시 합류하고, 둘은 뗏목이 최고의 집이라고 결론을 내린다.

그랜저포드 가와 셰퍼드슨 가의 등장은 트웨인의 소설에 새로운 해학의 요소를 보탠다. 앞에서 트웨인은 '평범한' 마을사람들을 풍자하고 있지만, 위풍당당한 가문들의 이야기를 통해서는 남부 기사도와 남북전쟁 전 남부의 상류계급을 완벽하게 희화화한다. 그랜저포드 가의 집은 번지르르하고 무미건조한 부의 과시를 대표하고, 실내장식을 음미하는 헉의 모습은 해학을 더해 줄 뿐이다. 그랜저포드 가의 취향을 보여주는 실내장식은 "휘슬러"라는 시를 위한 각운을 찾지 못해 수척해진 세상을 떠난 딸 에멀린의 예술작품이다. 헉이 죽음에 대해 갖고 있는 실질적 이끌림과 대비해, 에멀린의 작품은 헉에게조차 '심한 고뇌'를 가져다 준 몽환적이고 감상적인 집착을 보여준다.

 트웨인은 또한, 두 가문이 같은 교회에 다니며 '형제애'
에 대한 설교를 들으면서도 자신들의 총을 벽에 기대
어 놓고 만약의 사태에 대비하는 행태를 통해 종교를 기묘하
게 풍자한다. 신학과 총격전을 섞은 것은 반어적이고, 설교가
'믿음, 선행, 아낌없는 은총, 숙명예정론'에 대한 긍정적인 교
훈으로 가득하다는 그 가족들의 이어진 반응 역시 아이러니다.
트웨인의 칼뱅주의적인 배경이 운명예정설과 숙명의 조합으
로 다시 나타난 것이다.

 그랜저포드 가와 셰퍼드슨 가의 반목은 극단적인 폭력
때문에 〈헉 핀〉에서 잊을 수 없는 장의 하나다. 두 상류
가문이 자신들이 끊임없이 싸우는 이유를 모른다는 사실은 아
이러니컬하다. 하지만 그 아이러니는 두 가문이 실제로 피비
린내 나는 싸움을 벌일 때 강도가 심해진다. 헉은 별 의미 없
이 관망하다가 그 상황에 연루되어, 친구 벅의 죽음을 목격하
고는 독자들에게 그 이야기를 자세히 전달하지 못한다. "그 놈
들을 죽여라, 죽여!"라는 증오에 찬 외침은 그랜저포드 가에
대한 애정에도 불구하고 헉에게 뭍에 오르지 않았더라면 하는
마음이 들게 만든다. 따라서, 죽음과 잔인함이란 주제는 부자
들을 포함해 사회의 모든 면에 존재하고, 강의 평화는 헉에게
그 어느 때보다도 더 선명하게 각인된다.

헉이 뗏목으로 돌아오고 두 사람 모두 무사하자 헉은
지친 듯 말한다. "어쨌거나, 뗏목만큼 아늑한 곳도 없어. (중략)

뗏목에 타고 있으면 너무너무 자유롭고 느긋하고 편안하거든."
그 꾸밈없는 말은 뗏목/강변 이분법을 굳히고, 사회는 정교하
지만 잔인하고 부당하다는 생각을 한층 더 강하게 만든다.

Chapters 19, 20

 **왕과 공작, 뗏목에 합류하다**

뗏목에서 평화롭게 2, 3일을 보낸 헉은 지류에서 딸기를 찾다가 쫓기는 두 사내와 마주친다. 헉이 그들에게 개를 떼어 버리는 방법을 가르쳐주자 개를 피하게 된다. 한 사람은 일흔 살 가량이고, 또 한 사람은 서른 살 정도로 둘은 뗏목에 합류한다.

사내들은 재빨리 서로가 사기꾼임을 눈치 채고 함께 일하기로 작당한다. 의견일치를 본 후 얼마 지나지 않아 젊은 사내가 울면서 자기가 브리지워터 공작이며 정중하게 대접받아야 한다고 주장한다. 늙은 사내는 잠시 생각에 잠겼다가 똑같은 방법으로, 프랑스 왕좌의 적법한 계승자 도핀이라고 주장한다. 헉은 사내들을 일개 사기꾼으로 생각하지만 평화를 지키기 위해 이의를 달지 않기로 한다.

공작과 왕은 일을 꾸미기 시작하고, 새로운 계략에 따라 그들은 포커빌이란 자그마한 마을 아래쪽에 뗏목을 댄다. 근방의 부흥회로 그 마을은 비어 있다. 공작이 인쇄소를 찾아 떠나자 왕은 부흥회에 참석하기로 한다. 부흥회에서 마을사람들은 찬송가를 부르고 연단으로 나가 용서를 빈다. 왕은 그 모임에 합류해 자신은 개과천선한 늙은 해적이라고 고백한다. 그는 울음을 터뜨리고, 모자를 돌려 87달러와 위스키 한 주전자를 모은다.

그들이 뗏목으로 돌아왔을 때, 헉과 짐은 공작이 짐이 도망노예라고 쓰인 전단지를 한 장 인쇄했다는 것을 알게 된다. 그 전단지가 있으면 방

해받지 않고 낮에도 뗏목을 움직일 수 있다는 것이 공작의 주장이다. 다음날 아침, 짐은 한두 명의 왕은 감수하지만 그 이상은 안 되겠다고 한다.

19장은 계속해서 뗏목 위의 태평하고 꾸밈없는 모습을

묘사한다. 하루하루가 '순조롭고 즐겁게' 지나가고, 트웨인은 그 기회를 이용해 미시시피 강과 그 자연환경의 아름다움을 그려낸다. 헉은 다가오는 새벽녘의 고요한 모습, 잔잔한 미풍, 따뜻한 아침식사, '별이 점점이 박힌' 하늘 이야기를 한껏 들려준다.

주제 뗏목의 평화로움은 공작과 왕의 출현으로 산산조각난
탐색 다. 이 시점에서 일종의 성역이었던 뗏목이 사회로부터 침범당하는 것이다. 그 두 사람은 강과 강가의 적나라한 대비를 상징하며 다시 한 번 뗏목/강변 이분법을 보여준다. 보다 넓은 의미에서 공작과 왕은 19세기 미국의 도회지와 시골을 배회하면서 순진한 사람들을 등쳐먹던 사기꾼을 대표한다. 초기 개척시대 문학에 등장하는 사기꾼들은 사기를 칠 때 사회의 약점뿐 아니라 사람들의 확신과 신뢰까지 이용해 먹었다. 공작과 왕은 무지한 사회를 이용하는 사기꾼의 전형이다.

인물 처음에는 두 사람이 해를 끼치지 않을 것처럼 보여 헉
탐색 은 앞뒤가 맞지 않는 그들의 왕권 주장을 잠자코 일축한다. 헉의 친절한 행동은 월터 스콧 호에 승선한 불행한 사람들에게 갖는 연민과 유사하지만, 그는 곧 사기꾼들로 인해 발생할 위험을 알아차린다. 헉이 그들의 진정한 기질을 알아차리는 것은 중요한데, 그 두 사람이 특히 짐에게 위협이 된다는 점을 깨닫게 되는 것이기 때문이다. 그러나 헉의 통찰력이 뛰어난 것은 아니다. 그들은 헉과 짐이 여행을 하면서 이미 조우

했던 인물들을 부풀려놓은 것에 불과하다. 헉은 사회를 믿어서는 안 된다는 것을 배웠고, 공작과 왕은 곧 그의 우려가 옳다는 것을 증명하고 있다.

부흥회에서는 사기꾼의 전형을 완벽하게 재현하고, 종교에 대한 장난스러운 회화화와 함께, 자기들의 믿음 때문에 사기당하는 순진한 청중을 보여준다. 이어지는 장면은 미국의 유머 작가인 조지 워싱턴 해리스의 〈숫 러빙굿의 도마뱀 *Sut Lovingood's Lizards*〉과 존슨 J. 후퍼의 〈사이먼 석스 부흥회에 가다 *Simon Suggs Attends a Camp Meeting*〉를 떠오르게 한다. 두 작가 모두 트웨인에게 영향을 미쳤으며 그릇된 믿음과 위선 때문에 사기당하는 사회를 투영한다.

Chapters 21-23

 엉터리 연극에 놀아나는 마을사람들

공작과 왕은 다음 사기극을 위해 〈로미오와 줄리엣*〉의 발코니 장면과 〈리처드 3세**〉의 칼싸움을 연습한다. 앙코르 공연을 위해 공작은 또 왕에게 햄릿의 독백을 뒤죽박죽한 형태로 가르친다. 며칠 후 그들은 아칸소에 상륙해 셰익스피어에 대해 알고 있는 바를 과시하기로 한다. 그 마을의 거리는 진흙과 건달들이 뱉어놓은 담배로 지저분하다. 헉이 이곳저곳을 기웃거릴 때, 보그스라는 주정뱅이가 셔번 대령이란 자를 기필코 죽이겠다고 하면서 마을로 달려간다. 그곳 사람들은 보그스를 보고 웃으며 그 같은 행동은 늘상 있는 일이고 해를 끼칠 사람은 아니라고 한다. 잠시 후, 셔번이 자기 사무실에서 나와 보그스에게 자기를 나쁘게 떠벌이지 말라고 얘기한다. 보그스가 계속 셔번에게 욕을 하자 셔번은 총으로 그를 살해한다.

마을에서는 즉각 셔번에게 사형(私刑)을 가해야 한다는 결정을 내리

---

* **로미오와 줄리엣** *Romeo and Juliet*: 셰익스피어의 대표작. 몬테규 집안과 캐풀릿 집안의 대대로 이어진 원한관계 속에서 탄생한 사랑 이야기. 우연과 필연이 교차하는 가운데, 가문과 사랑의 기로에서 사랑을 선택하고, 두 사람은 죽음을 맞게 된다.

** **리처드 3세** *Richard Ⅲ*: 셰익스피어의 비극. 꼽추에다 비틀린 왼팔 등 불구를 지니고 태어난 리처드 3세는 말재주와 잔꾀로 왕위를 차지하기 위해 형과 조카마저 차례로 제거한다. 원하는 여자는 모두 소유하고야 말았던 악의 화신 리처드 3세는 랭카스터 가문의 리치몬드 백작이 이끄는 군대에 의해 최후를 맞는다.

고, 마을사람들은 성난 폭도가 되어 그의 집으로 쳐들어간다, 그들이 들이닥칠 때, 셔번은 현관 지붕에서 대항한다. 셔번은 폭도들에게 겁쟁이라고 부르고 진짜 사나이에 대적할 '용기'가 없다고 단호하게 말하자 그들은 재빨리 흩어진다.

공작과 왕은 셰익스피어의 연극을 재탕해 많은 돈을 모으지 못하자 여자와 어린이 입장불가 공연을 광고한다. 첫 공연에 들어온 몇몇 사내들은 무대에서 벌거벗은 몸에 알록달록한 줄을 그린 왕을 본다. 사내들은 곧 사기당한 것을 눈치챈다. 하지만 자기들이 당했다는 것을 감추고 다른 마을 사람들도 공연을 보도록 권한다. 두 번의 사기 공연 후에 마을사람들은 공작과 왕에게 타르를 온몸에 바르고 깃털을 씌우는 사형(私刑)을 가할 계획으로 세 번째 공연에 나타난다. 사내들이 무대로 썩은 야채를 던지려고 준비하는 동안 공작은 헉과 살그머니 빠져나와 왕과 짐을 만나서 마을을 떠난다.

부흥회를 풍자한 것과 마찬가지로 셰익스피어를 서툴게 모방한 것은 트웨인이 희극적인 효과를 내기 위해 사용한 개척지 유머의 또 다른 요소다. 〈햄릿〉과 〈맥베스〉가 뒤섞여, 독백은 "죽느냐, 사느냐, 그것이 짧은 칼이로다"란 엉뚱한 구절로 변한다.

황량한 마을과 주민들에 대한 헉의 묘사를 통해 독자들은 사회의 지저분하고 잔인한 본질을 되새긴다. 그 사

내들은 무방비 상태의 동물들에게 잔인하다. 뿐만 아니라 보그스의 죽음에서 드러나듯이 서로에게도 나쁘다. 보그스의 살해도 트웨인이 젊은 시절 목격한 실제사건에 기초한 것이다. 그 사건은 오만의 위험성과 군중심리에 대해 묘사하고, 인간 경시를 상징하고 있다. 보그스의 행위가 해롭지 않다고 생각된다는 사실은 헉이 사는 세계에서는 그 누구도 타락과 증오에서 자유롭지 못하다는 것을 보여준다.

인물탐색 헉은 보그스 사건의 잔혹성을 그 마을의 지저분함과 마찬가지로 재빨리 인지한다. 헉에게는 동지인 짐의 '악'과 극명하게 대비되기 때문이다. 헉이 만나는 일련의 인물―팹, 그랜저포드 일가, 셔번―들 가운데 짐은 사회의 비난에도 불구하고 그들 위에 자리한다. 자신의 환경을 초월하지도 못하고 본능에도 굴복하지 못하는 헉은 짐의 곤경을 두고 갈등을 겪는다. 헉은 마을주민들의 무질서와 부당함을 비교할 때조차 여전히 자기의 노예폐지론적인 행동과 짐의 자유를 조화시킬 수 없다. 헉의 인격은 짐이 아내와 아이들을 그리워하며 슬퍼하는 것을 보면서 더욱 성숙해진다. 헉은 흑인도 백인만큼 가족을 사랑할 수 있음을 목격하는 것이다. 그러한 관찰은 흑인도 백인처럼 감정이 복받칠 수 있다는 것을 믿지 않는 사회에서 드러나는 무지와 편견의 깊이를 강조한다.

두 편의 연극은 수치스럽고 추잡한 유머에 근거한 것들이므로 마을사람들에게 잘 어울린다. 앞서도 말했듯이 사기꾼은 사회의 선과 악을 이용한다. 따라서 공작과 왕은 인간의 비열한 성품에 호소함으로써 마을사람들을 사기에 꾀어 들이고는 복수당하기 전에 달아날 수 있는 것이다.

Chapter 24

인륜까지 저버리는 사기극

다음날, 공작은 낮에도 항해할 수 있도록 짐의 얼굴에 진한 청색 칠을 한다. 그리고는 뗏목에 다음과 같은 표지를 게양한다. "아랍인 환자—하지만 정신이 나가지 않을 때는 해를 끼치지 않음."

두 사기꾼은 주위 마을들을 둘러보기로 한다. 왕과 헉은 증기선으로 다가가다가 한 소년을 통나무배에 태운다. 왕은 수다스런 소년에게 마을에 대해 속속들이 질문을 던져 마을사람인 피터 윌크스가 방금 세상을 떠났으며 그가 그의 영국인 형제들에게 전 재산을 남겼다는 사실을 알아낸다.

윌크스 일가와 친구들에 대해 세세한 사실을 알아낸 후, 왕과 공작은 피터 윌크스의 영국인 형제인 하비와 윌리엄 행세를 한다. 그들은 마을로 들어가면서 울기 시작하고, 그들 '형제'의 죽음에 대한 얘기를 들으면서 슬퍼한다. 그 잔인한 사기수법에 헉조차 놀라서 '시체가 인류를 부끄러워할 만하다'고 말한다.

24장의 사건들은 공작과 왕이 뗏목을 완전히 장악했다는 것을 보여준다. 공작이 낮에 짐의 결박을 풀어주고 변장을 통해 그에게 자유를 주었다는 사실은 죽은 사람의 재산을 가로채려는 책략에 가려 빛을 잃는다.

　　믿음과 확신을 이용해 먹던 이전 방법들과 유사하게 공작과 왕은 마을 전체의 신용을 얻으려고 음모를 꾸민다. 그 계략은, 공작과 왕이 사람들에게 자신들이 대대로 영국에 살면서 이어온 생활특성과 윌리엄(공작)이 '귀머거리에 벙어리'라는 사실을 납득시키는 모습에서 재미를 자아낸다. 더불어 이전 사기극보다 냉담하다는 인식 또한 두드러진다. 여기서는 인류의 무지에 대한 희화화가 뚜렷이 나타나는데, 사기가 성공하려면 사기꾼들은 멍청이 집단이 필요하기 때문이다.

"시체가 인류를 부끄러워할 만하다"는 헉의 우울한 말은, 독자들에게 그가 다시 한 번 사회를 평가하지 않을 수 없게 되었다는 것을 일깨운다. 이전의 사건들은 거의 어떤 판단이 없이 발생한 데 반해, 윌크스 사기사건은 벅 그랜저포드의 죽음과 결부되어 헉이 전 인류를 비난하게 만든다. 이 말은 헉의 끊임없는 투쟁을 예고한다.

Chapters 25, 26

 ## 마을 의사의 의심은 깊어지고

왕과 공작은 극적인 모습을 연출하던서 윌드스의 가족과 대다수 마을사람들에게 자기들이 정말로 윌크스의 형제라는 것을 납득시킨다. 그들은 흐느끼며 윌크스의 딸들을 조카딸인 양 맞이하고 관에 엎드려 큰소리로 운다. 왕은 '눈물과 말도 안 되는 소리로 가득 찬' 연설을 한다.

피터 윌크스의 유언에는 그의 전재산은 형제들에게 주고, 금화 6천 달러는 딸들과 윌리엄, 하비가 나누어 가지는 것으로 되어 있다. 마을사람들의 믿음을 굳히기 위해 공작과 왕은 자기들 몫의 금화를 조카들에게 주고, 왕은 모든 사람들을 피터의 장례 '파티'에 초대한다. 마을의사는 '장례식'이란 단어조차 제대로 모르는 그를 더욱 의심하게 되고, 그 둘이 사기꾼임을 눈치 채고는 웃음 짓는다. 의사가 딸들에게 공작과 왕을 내쫓으라고 설득하자, 딸들은 '삼촌'에 대한 믿음을 보여주기 위해 자기들이 받은 돈을 돌려준다.

다음날 아침, 딸 조애너가 헉에게 영국, 국왕, 그리고 교회에 대해 질문을 던진다. 헉은 '새러 메리 윌리엄스'로 변장했을 때와 유사하게 거짓말을 계속 지어내려다가 헷갈리게 되고, 딸들의 신뢰와 친절을 저버리지 않기 위해 연기를 해야겠다고 생각한다. 그 날 저녁, 헉은 공작과 왕이 금화를 감춰둔 곳을 찾아낸다. 헉은 그 6천 달러를 정당한 소유자에게 되돌려줄 기회를 기다린다.

　　'눈물과 말도 안 되는 소리'로 가득한 왕의 연설은 작업중인 사기꾼이 들떠서 떠벌이는 말의 전형으로, 사기대상이 갖는 믿음과 판에 박힌 슬픔에 대한 감상을 먹이로 삼는다. 독자들에게는 뻔한 사기이지만 그 가족과 마을사람들은 아무런 의심 없이 왕과 공작을 영국인으로 받아들인다. 헉은 그 연기력에 경악하지만, '정신기름'(입에 발린 말)의 설득력과 더불어 그것이 마을사람들에게 미치는 효과도 깨닫는다. 왕이 '파티'와 '장례식'을 혼동하면서 재미가 더해지고, 그 단어의 그리스어와 히브리어 어원에 대한 그의 설명은 그 장면에 웃음을 보탤 뿐이다. 어떤 의미에서, 트웨인은 인간의 무지로 빚어지는 결과를 얘기하고 있는 것이다. 의사를 제외한 모든 사람이 그 사기의 희생자가 되기 때문이다.

　　왕의 연설을 바라본 헉은 공작과 왕이 실제로 얼마나 교활하고, 따라서 얼마나 위험한지를 알게 된다. 그들에게 거슬리는 행동을 하면 분명 자신도 위험해지지만, 더욱 중요한 것은 짐이 자유를 얻을 기회 또한 위태로워진다는 점이다. 그러한 위험에도 불구하고 헉은 금화를 딸들에게 돌려줘야 한다고 결론짓는다.

Chapters 27, 28

윌크스의 딸들을 도우려는 헉

같은 날 저녁, 헉은 금화 자루를 감추려고 아래층으로 살금살금 내려간다. 그러나 앞문은 잠겨 있고, 메리 제인이 다가오는 소리를 들은 헉은 금화를 피터 윌크스의 관에 숨긴다. 그 후 헉은 집 안에 사람이 너무 많아서 금을 꺼낼 기회를 잡지 못한다.

장례식이 진행되고, 헉은 금화가 아직 관 속에 있는지, 아니면 다른 누군가가 발견했는지 궁금해진다. 장례식이 끝난 후, 왕은 재산을 이틀 이내에 팔겠다고 발표한다. 딸들은 왕이 노예가족을 뿔뿔이 다른 상인들에게 팔기 전까지는 재산매각에 반대하지 않는 것처럼 보인다.

메리 제인은 노예가족이 헤어져 엄마와 자식들이 다시는 서로를 보지 못한다는 사실을 차마 상상할 수 없다. 헉은 (그녀에게 이곳이 위험하니 잠시 피해 있으라고 하면서) 위로하고 싶은 나머지 무심결에 그 노예가족은 2주 후면 서로를 볼 수 있을 것이라고 말한다. 메리 제인은 헉에게 어떻게 그걸 알고 있는지 말해 주면 집을 떠나겠다고 말한다. 헉은 왕과 공작이 어떻게 모두를 우롱했는지에 대해 전부 이야기한다.

메리 제인은 당장 그 사기꾼들에게 타르와 깃털로 사형을 가하고 싶어 한다. 그러나 헉은 그녀에게 약속을 상기시키고 "나는 괜찮겠지만 당신이 모르는 다른 한 사람이 큰 곤경에 처할 수도 있다"고 설명한다. 그녀는 약속을 지키고, 헉은 그녀에게 금화가 있는 장소가 적힌 쪽지를 건넨다.

나머지 딸들은 메리 제인이 없어지자 혼란스러워한다. 그 소동은 하비와 윌리엄이라고 주장하는 또다른 두 남자가 도착하자 더욱 심해진다.

: 풀어보기

문체 탐색 27장에서 트웨인은 피터 윌크스의 장례식을 둘러싼 상황과 허세로까지 풍자의 영역을 확장한다. 장례식 장면에서 장의업자의 행동과 우스꽝스럽게 개와 쥐들이 중간에 끼어드는 것으로 냉소적 유머는 더욱 두드러진다. 개의 소란 때문에 장례식이 방해를 받자 장례업자는 그 소란을 해결하고는 조문객들에게 "그 녀석이 쥐를 잡았네!"라고 말한다. "마을에는 장례업자만큼 인기가 좋은 사람은 없었다"라고 하는 혁의 말은 죽음이란 주제를 겨냥한 또 하나의 가시 돋친 풍자다.

장례식과 상심한 조문객들을 희화화하는 유머와 대조적으로, 28장에서는 메리 제인의 동정심을 보여주는 데 초점을 맞춘다. 여기서 중요한 점은 혁이 그녀를 본받는다는 것이다. 혁은 노예가족의 곤경을 안쓰러워하는 그녀의 반응을 목격하면서 노예들의 인간성과 긴밀한 가족결속에 대해 귀중한 교훈을 얻는다. 혁은 그 광경을 보고, 자기 가족을 지키기 위해 자식들이 노예상태에서 벗어나도록 빼내겠다던 짐의 주장을 떠올린다. 이 상황으로 인해 혁은 본능과 양심 모두에 근거해 행동하게 된다. 그는 딸들에게 금화가 있는 곳을 말해 줄 뿐만 아니라 사기의 전모를 밝힘으로써 노예가족이 흩어지지 않게 한다.

여기에서 딸들을 도우려는 혁의 결정을 간과해서는 안 된다. 지금까지 혁은 사기꾼들과 손을 잡은 상태였고, 결국 공작과 왕이 이용해먹는 혁다운 기질을 보여준다. 공작과 왕이 브릭스빌 주민들을 속일 때, 혁은 마을사람들이 도덕심이 결여되어 있고, 비열하기 때문에 양심의 가책을 느끼지 않는다. 하지만 공작과 왕이 윌크스의 딸들에게 사기를 칠 때는 분개하고, 결과에 관계없이 방해해야겠다고 생각한다.

더욱 인간다운 선언의 하나는 희생행위이고, 딸들을 도우려는 헉의 결의는 그의 인성에 변화가 일어났음을 보여준다. 이러한 그의 결심은 31장에서 벌어질 극적인 순간을 예고한다.

Chapters 29, 30

 사기극은 들통 나고

헉조차도 새롭게 피터 윌크스의 재산권을 주장하고 나선 사람들이 공작과 왕에 비해 더 영국인 같아 보인다고 생각한다. 나이가 많은 쪽은 자신을 하비라고 소개하고는 자기들 짐을 찾아오면 신분을 증명할 수 있다고 말한다. 그 말에 왕은 웃으면서, 새로운 '형제'가 당장 자신들의 주장을 입증하지 못하는 것은 당연하다고 마을사람들에게 말한다. 이 시점까지 마을사람들은 여전히 왕과 공작이 진짜 형제라고 믿지만 의사는 좀더 조사를 해야 한다고 모두를 설득한다. 마을 변호사인 레비 벨은 헉에게 대대로 이어오는 영국의 생활특성어 대해 질문하고 나서, 그가 거짓말에는 익숙하지 않은 것이 확실하다고 말한다.

노신사는 피터 윌크스의 가슴에 있는 문신모양을 알기 때문에 그것으로 자기가 누구인지 증명할 수 있다고 말한다. 왕은 그것이 작고 푸른 화살이라고 말하고, 노신사는 희미한 'P'와 'B'라고 한다. 변호사는 유일한 확인방법은 피터 윌크스의 무덤을 파헤쳐 그의 가슴을 보는 것뿐이라고 결론을 내린다.

관을 연 그들은 시체의 가슴 위에서 금화자루를 발견한다. 헉은 군중들이 크게 동요하는 틈을 타 슬그머니 빠져나올 수 있게 되고, 짐과 함께 뗏목을 타고 달아난다. 그러나 얼마 가지 못해 왕과 공작도 달아났음을 알게 된다. 짐과 헉은 자신들이 사기꾼들로부터 자유롭지 못하다는 것을 깨닫는다. 공작과 왕은 금화자루를 서로 훔쳤다고 비난하지만, 술이 취하자 다시 한통속이 되어 새로운 마을에서 사기 칠 계략을 짜기 시작한다.

새롭게 등장한 하비와 윌리엄은 사기꾼들의 유산 사기 사건에 또 다른 재미를 더한다. 두 쌍의 '형제' 사이에 나타나는 대비가 두드러지고, 뒤이은 조사는 마을사람들의 무지와 이 분쟁의 결말을 궁금해 하는 그들의 호기심을 두드러지게 한다. 마을사람들은 분노하기는커녕 가중된 혼란을 즐기고, 의문이 계속되면서 해학과 긴장은 고조된다.

문학적 장치 하인인 헉의 역할이 의심을 불러일으키고, 예전에 둘러대듯이 헉은 의사와 변호사에게 자신이 영국인이라는 사실을 납득시키지 못한다. 변호사는 헉의 이야기를 받아들이는 대신, "내가 너라면 무리하지 않겠다. 내 생각에 너는 거짓말에 익숙지가 않아. (중략) 거짓말하는 게 아주 어색하거든"이라고 말한다. 비록 헉의 전체 여정이 거짓말과 기만에 바탕을 둔 것이지만, 총명한 사람들을 바보로 만들 수는 없는 법. 자기 이야기를 바꾸려 하지 않는 것도 재미난 현상이다. 헉은 또 다른 거짓말로 궁지에서 벗어나려 하지 않고 침묵하면서 그 우스꽝스러운 조사를 지켜보는 쪽을 택하는 것이다.

그 가족의 전재산을 팔아넘겨야 떠나겠다는 사기꾼들

의 의지는 두 사기꾼의 탐욕을 대변한다. 재미난 결과지만 헉과 공작과 왕을 달아날 수 있게 한 것도 바로 이 똑같은 탐욕 때문이다. 마을주민들은 피터 윌크스의 관 속에서 금화를 보자 참을 수 없게 되고, 뒤이은 혼란은 브릭스빌과 다를 바가 없다. 헉이 탐욕과 무지한 군중심리에 대해 했던 말은 공작과 왕이 도주함으로써 더욱 힘이 실린다.

Chapter 31

 헉, 짐의 편에 서기로 결심하다

기온이 올라가고 소나무겨우살이가 흩뿌려진 경치를 보면서 헉은 그들이 집에서 멀리 떨어져 있다는 것을 깨닫는다. 공작과 왕은 새로운 계략들이 술값만 겨우 거둬들이는 정도에 그치자, 다음 사기에 대해 속닥거리기 시작한다. 헉과 짐은 사기꾼들의 은밀한 행동을 걱정스러워한다. 마침내 헉이 달아날 기회를 잡고 보니, 공작과 왕이 가짜 전단지를 한 장 만들어 현상금 40달러에 짐을 신고했다는 사실을 알게 된다.

헉은, "우리가 그 악당놈들을 위해 별짓을 다했는데. … 그 보답으로 짐을 다시 평생 노예로 만들 생각을 하다니"하면서 분노한다. 헉은 선택의 기로에서 깊은 생각에 잠기고, 양심은 다시 그를 괴롭히기 시작한다. 본능은 끊임없이 그에게 짐을 돕도록 강요하지만 그 일로 인해 죄책감을 느끼지 않을 수 없다. 헉은 해결책을 찾기 위해 기도를 하다가 왓슨 아주머니에게 짐의 처지를 자세히 기록한 편지를 쓰고 '헉 핀'이라고 서명한다. 그는 편지를 다 쓴 후에 순간적인 안도감을 느끼고, 노예를 돕다가 지옥에 가는 일은 모면하게 되었다고 확신한다.

그러나 헉은 자기 결정에 만족하기는 커녕, 둘이서 함께 했던 강 하류로의 여행을 떠올리기 시작한다. 그는 '뗏목을 타고 강물을 따라 내려가며, 얘기하고 노래하고 웃던' 장면을 추억하면서, 억지로 짐을 수치스러운 사람으로 보려고 해도 그럴 수가 없다. 헉은 왓슨 아주머니에게 썼던 편지를 다시 집어 들고는 그 싸움을 멈춰야겠다고 생각한다. 천당과 지옥, 둘 중 하나로 결정해야 하는 순간이다. 그는 잠시 머뭇거리다가 "좋아, 그럼 나는 지옥으로 갈 테다"라고 선언하고는 그 편지를 찢어 버린다. 일단 짐을 위해 사회를 배신하기로 결심하자, 즉시 짐을 노예상태에서 벗어나게 할 계획을 세운다.

만약 18장이 이 소설 첫 파트의 끝이라면, 31장은 둘째 파트의 끝이자 〈허클베리 핀의 모험〉에서 가장 중요한 장에 속한다. 이 시점까지 소설은 재미나고 잔인한 사건들을 끊임없이 독자들에게 쏟아내며 강과 강기슭을 왔다갔다한다. 옳고 그름 사이에서 펼쳐지는 헉의 싸움에는 개인 대 사회, 자유 대 교화, 감상주의 대 현실주의의 대립이 모두 나타난다. 그리고 모든 것이 헉의 궁극적인 결정에서 무르익는다. 이러한 사건들의 한가운데에는 자기 양심을 무시하고 환경을 초월하는 헉의 내면적 투쟁이 자리하고 있다.

헉의 행동에 촉매가 된 것은 사기꾼들이 짐을 노예로 되판 행위다. 헉은 짐을 도우면 자기가 속한 사회에서 배척당하고, 말 그대로 지옥에 떨어진다고 믿는다. 이러한 인식에도 불구하고, "좋아, 그럼 나는 지옥으로 갈 테다"란 헉의 선언은 그의 싸움을 종식시키고, 이 소설의 절정이 된다.

그 같은 최선의 결정에 비추어보면 헉이 풀어가는 전체 이야기는 자기 자신의 양심과 정체성의 추구를 상징하고, 이러한 정체성은 주변의 신학적이고 사회적인 규범의 압력에도 불구하고 도덕적 평가를 하려는 그의 시도에 의해 구체화된다. 헉이 자신의 싸움을 조정하지 못했던 것에 독자들은 의문을 던져서는 안 된다. 헉의 희생은 19세기 미국의 인종차별사회에는 타락한 것이기 때문이다. 다시 말해, 짐의 인간성을 인정하는 헉의 결정이 나머지 사회에서는 공유되지 않는다는 것이다.

무엇보다도 헉의 선언은 주변의 풍자와 신랄한 반전에도 불구하고 그를 영웅적인 인물로 끌어올린다. 그러나 트웨인은 헉이 결정을 내린 이후에도 더욱 이상한 반전을 불어넣지 않을 수 없고, "(지옥에) 있기로 한 이상, 그리고 영원히 있는다면 대범하게 제대로 그 일을 해내는 편이 나을지도 모른다"는 헉의 논리는 이 소설 후반부에 펼쳐질 또 다른 반전을 독자들에게 암시한다.

Chapters 32, 33

짐을 구하러 펠프스 농장으로

헉은 짐이 있는 곳를 알아낸 후, 펠프스 가족의 농장으로 간다. 그는 펠프스 농장이 '아주 조그마한 목화농장'일 것이라고 짐작하지만 정문에 도착하기도 전에 짖어대는 온갖 종류의 개들에 둘러싸인다. 한 노예여인이 개들을 쫓자 또 다른 여인이 집에서 나와 마치 헉을 기다렸다는 듯이, "드디어, 네가 왔구나! 그렇지?"라고 말한다. 헉은 자기도 모르게 그렇다고 대답하고, 여인은 헉을 부둥켜 잡고는 평생 알고 지낸 사람처럼 껴안는다.

'샐리 이모'라는 그 여인은 헉에게 그의 여행과 가족에 대해 묻는다. 헉은 곤경에 처했음을 깨닫지만, 사실을 말하기 바로 직전에 샐리 이모의 남편이 도착하고, 그녀는 헉을 다름 아닌 톰 소여라고 소개한다. 헉은 일순간 어리벙벙해지고, 이어서 전에 톰의 친척들과 마주쳤던 일을 떠올린다. 헉은 소여 일가에 관한 서너 가지 질문에 답한 후, 지금 이곳으로 오고 있는 것이 분명한 진짜 톰을 찾으러 강으로 나간다.

헉은 마을로 절반쯤 가다가 톰을 발견한다. 처음에, 톰은 헉을 유령이라고 생각한다. 헉이 짐의 상황을 설명하자 톰은 "내가 그를 노예상태에서 빼낼 수 있도록 도울게"라고 힘주어 말한다.

그들이 펠프스 농장에 도착하자 톰은 정교한 이야기를 지어내 자신을 톰의 동생 시드 소여라고 소개한다. 헉과 톰은 공작과 왕이 공연을 하기 위해 마을에 있으며, 짐이 마을사람들에게 그 쇼가 사기극이라고 경고했다는 것을 알게 된다. 헉과 톰은 몰래 빠져나가 공작과 왕에게 그 사실을 알려주러 가다가 이미 사기꾼들에게 타르와 깃털로 사형을 가한 군중과 마주친다.

문학적
장치
32장은 이른바 이 소설의 마지막 파트의 시작이다. 헉은 이 장 서두에서 가끔 농장을 스치고 지나는 산들바람에 대해 서술한다. 헉은 그 산들바람을 죽은 지 오래된 영혼의 속삭임으로 이해하고, 독자들은 이 소설 전반부에서 죽은 사람들을 떠올리게 된다. 여정은 내내 헉을 무겁게 짓누르는 것처럼 보이는데, 한 순간 그는 쓸쓸하게 돌아가는 물레소리를 듣고 "죽었으면 좋겠다"고 말할 정도다. 어떤 의미에서 펠프스 농장은 헉이 문명세계로 돌아온 것을 상징한다. 비록 헉과 짐은 미시시피 강 하류로 수백 마일을 여행했지만 그들이 떠났던 왓슨 아주머니와 과부댁 더글러스 여사와 함께 했던 삶과 아주 흡사한 상황에 처해 있다는 것을 깨닫는다.

짐을 풀어주겠다고 결정한 헉은 주저없이 농가로 다가가지만 "하나님께서 내 입에서 바른 말이 나오도록 해주십사" 하고 무의식적으로 하늘에 의지한다. 헉은 언제나 즉흥적인 성향이 있지만 이번에는 자신의 능력을 신에게 돌린다. 그 말은 헉이 이제는 지옥으로 떨어진다고 믿고 있음에도 불구하고 자신(과 짐)의 운명을 다른 누군가의 손에 맡긴다는 것을 의미한다. 얄궂은 결과이지만 나타난 사람은 사일라스와 샐리 펠프스의 조카인 진짜 톰 소여다.

문학평론가들은 헉이 펠프스 농장에 가게 되는 우연을 '사실적인' 소설에서는 있을 수 없는 일이라고 주장해 왔다. 그러나 트웨인이 본래 이 소설의 주인공으로 톰도 포함하려 했다는 것을 기억해야 한다. 초판의 제목은 〈허클베리 핀(톰 소여의 친구)의 모험〉이었고, 따라서 소설의 결말 이전에 톰이 다시 등장하는 것은 놀라운 일이 아니다.

톰의 등장은 새로운 지도자가 혁과 짐의 미래를 조종할 것이라는 신호다. 혁과 짐이 그들의 운명에 대한 책임을 공유하는 반면, 톰은 지금 그들의 모험과 탈출계획을 지령한다. 〈허클베리 핀〉은 톰에게 소설의 결말을 조종하도록 함으로써 혁이 끊임없이 펼치는 양심과의 싸움에서 벗어나 애초에 의도했던 소년소녀들을 위한 이야기로 되돌아간다. 그러한 극적인 색깔전환은 〈허클베리 핀〉이 세 단계로 쓰였다는 사실을 포함, 여러 요인에 기인한다고 할 수 있다. 그러나 그것은 또한 소설의 결말에 대한 트웨인의 우유부단함과 미국, 특히 남부사회에 대한 통렬한 사회적 비판의 강도를 조절한 것으로 볼 수 있다.

톰의 재등장은 유쾌하고 해롭지 않은 장난들이 곧 펼쳐질 것을 암시한다. 그러나 두 소년의 재결합이 트웨인이 조심스럽게 구축한 폭력적인 배경을 완전히 가리지는 못한다. 혁은 여전히 문명의 지저분한 속성을 목격하고, 과부댁 더글러스 여사를 떠오르게 하는 친절을 통해 그것을 상쇄하려고 노력한다.

공작과 왕에 대한 타르와 깃털 사형 장면에서는 모든 사람, 심지어는 자신에게 잔인했던 사람들에게조차 갖고 있는 혁의 동정적인 시각을 드러낸다. 혁은 사기꾼들이 벌 받는 것을 보며 수수방관하지 않고, 그들을 마을사람들로부터 그리고 어쩌면 그들의 죽을 운명으로부터 구해내려고 한다. 혁은 공작과 왕을 구출하는 데 실패하자 "인간은 서로에게 지독하게 잔인할 수도 있다"고 평한다. 그 말은 헉이 인간성이 결여된 수많은 사건을 목격했듯이 이 소설 전반에 적용될 수도 있다.

Chapters 34, 35

: 줄거리 점점 더 복잡해지는 구출계획

톰은 짐이 조그만 농장 오두막에 갇혀 있는 것을 알아채고, 짐을 구출하기 위해 계획을 짠다. 헉의 계획은 사일라스 이모부에게서 열쇠꾸러미를 훔쳐내 재빨리 짐의 자물쇠를 풀어주어 즉각 뗏목을 타고 떠나는 것이다. 톰은 그 계획이 너무 간단하고 '거위젖처럼 밍밍하다'고 주장한다. 헉과 톰은 함께 짐이 갇혀 있는 오두막을 조사한 후, 헉은 짐이 달아날 수 있도록 판자를 하나 떼어내자고 제의한다. 이번에도 톰이 그 계획은 복잡하지 않다고 반박한다. 결국 둘은 땅굴을 파서 짐을 꺼내기로 결정한다. 그렇게 하면 2주일이 걸릴 것이기 때문이다. 그들은 한 노예가 짐에게 음식을 가져갈 때 뒤따라가서 짐에게 자기들이 풀어주겠다고 속삭인다.

톰과 헉은 치밀한 도주를 위해 계획을 짜기 시작하고, 매 단계는 점점 더 복잡해지고 시간낭비가 커진다. 톰은 그 도주방식이 자신이 읽었던 감방소설과 똑같이 이루어져야 하므로 짐에게는 줄사다리와 식탁용 나이프, 일지 같은 다른 물건들이 필요하다고 주장한다.

: 풀어보기

트웨인은 톰의 낭만주의를 희화화하고, 짐의 자유를 볼

모로 그 소설에 다시 재미를 불어넣는다. 실제로 짐은 세상을 떠난 왓슨 아주머니에 의해 이미 해방되었고, 독자들은 이 놀라운 사실을 소설의 끝부분에서 알게 된다. 그러나 헉과 짐은 모두 짐이 자유를 얻었다는 사실을 모르기 때문에 극적인 도주를 위해 톰의 황당한 계획을 따르기로 동의한다.

그 도주계획은 톰에게 그가 읽은 감방소설과 모험소설 여러 편을 써먹을 기회를 제공한다. 땅굴 같은 불필요한 계략과 줄사다리 등의 도구들을 결합해 그 전체 계획은 우스운 몽상극이 된다. 톰의 상상력과 헉의 논리가 보여주는 부조화는 여러 차례 재미난 대화를 만들어낸다. 예를 들면, 짐이 일지를 기록해야 한다는 톰의 말에, 헉은 "할머니한테 조목조목 편지를 쓰시지—짐은 글을 못 쓴단 말야"라고 대꾸한다.

융통성 없는 헉의 대답은 우스우면서도 속내가 드러난다. 일지를 기록할 필요가 없다는 뜻이 분명한 것이다. 1800년대 중반에는 글을 읽고 쓰는 능력이 누구에게나(할머니 역시) 보편적인 것은 아니었다. 짐은 노예이기 때문에 글을 쓸 줄 안다는 것은 훨씬 더 있을 법한 얘기가 아니다. 그러나 더욱 중요한 것은, 그와 짐이 인종차별 사회라는 제약에 갇혀 있기 때문에 헉은 말도 안 되는 계획이라도 멈출 수가 없다.

헉이나 짐, 그 누구도 톰의 계획을 단념시키거나 약간을 제외하고는 변경할 수도 없다. 그들이 실패한 시도들은 문명의 관습을 벗어나려는 비운의 노력을 상징한다. 헉이 평범한 식탁용 나이프로 굴을 파려고 생각한다는 점에서 신랄한 풍자가 두드러진다. 헉이 톰에게 질문하자, "그것이 얼마나 멍청한 짓이냐 하는 건 별 문제가 아니고, 그게 옳은 방법이야. (중략) 그리고 내가 듣기로는 다른 방법이 없어. 나는 이런 일에 대해 시시콜콜한 것까지 담고 있는 책들을 모조리 읽었단 말야"라고 답한다. 톰은 실제 사회의 대표격으로서 인간성과 동정심이 결여되어 있으면서 전통과 현존 법률에 의존하는 문명을 간략하게 설명한다.

Chapters 36-38

 구출계획이 실행에 옮겨지다

다음날 저녁, 톰과 헉은 식탁용 나이프를 사용해 오두막 아래에 굴을 파려고 하지만 몇 시간이 흐른 후에 더 나은 도구가 필요하다는 것을 깨닫는다. 그 다음날 밤, 톰과 헉은 짐의 오두막으로 들어가 그를 깨운다. 짐은 톰의 계획을 듣고는 말도 안 된다고 생각하면서도 그들과 함께 가기로 동의한다. 톰은 짐에게 일이 잘못 돌아가면 그 즉시 계획들을 바꿀 것이라고 안심시킨다.

소년들은 '탈출'도구들을 오두막으로 몰래 들여오기 시작하고, 샐리 이모는 집에서 물건들이 없어지는 것을 눈치 챈다. 톰과 헉은 샐리 이모를 혼란스럽게 하려고 계속 시트와 숟가락을 가져갔다가 되돌려놓아 애초에 몇 개가 있었는지 모르게 한다. 마침내 그들은 시트 한 장과 양철 접시 몇 개를 짐의 오두막으로 몰래 가져온다. 톰이 가르쳐준 비밀 메시지 작성법에 따라 짐은 양철에 표시를 해서는 그것들을 오두막 창문 밖으로 던진다.

다음날, 톰은 계속해서 짐의 탈출을 위해 주의를 흩뜨릴 만한 것들을 찾는다. 짐이 벽에 새길 비문을 톰이 몇 개 적어주지만 벽이 나무로 되어 있다는 것을 알게 된다. 일을 제대로 해내기 위해, 그리고 책에 적힌 대로, 톰은 돌이 있어야 한다고 말한다. 소년들은 커다란 맷돌을 굴려서 오두막으로 가지고 들어가려고 하지만 힘이 부친다. 짐이 오두막에서 기어 나와

돌 굴리는 것을 도와준다. 짐의 저항에도 불구하고, 톰은 오두막이 제대로 된 지하감옥이 되고, 짐이 제대로 된 죄수의 모습을 갖추게 하려면 그곳에 거미와 뱀을 비롯해 다른 죄수들이 필요하다고 결정한다.

36장부터 38장까지 이 소설은 헉이나 짐 모두, 탈출 전에 왜 이렇게 우스꽝스러운 짓들을 해야 하는지 모르면서 점점 더 웃기는 이야기로 빠져 들어간다. 아이러니하게도, 헉과 짐은 톰을 사회와 교육의 전형으로 보고, 이것 때문에 그가 틀림없이 최선의 탈출방법을 알고 있을 것이라고 생각한다.

주제탐색 짐이 계속 노예 상태에 있는 것은 불합리하고 괴상하며, 남북전쟁 후 미국이 처한 인종상황을 신랄하게 비판하는 것이다. 앞서 언급했듯, 왓슨 아주머니가 이미 유언으로 짐을 해방시켰지만 사회의 인식을 초월하고 바꿀 능력은 그만큼 쉽게 얻어지지 않는다. 따라서 짐은 실제로는 해방되었으면서도 다른 사람들에게 계속 잡혀 있는 것이다.

〈헉 핀〉은 남북전쟁 이후 20년 동안 쓰여졌고, 전체 소설은 트웨인이 직접 목격한 남북전쟁 이후를 반영한다. 비록 북군이 남부 재통합을 위한 시도들을 했지만 남부는 급속히 비열하고 인종차별적인 폐허로 전락했다. 새로 해방된 노예들의 상황은 분명히 호전되었지만, 갈망하던 자유는 변화된 인식, 용인, 혹은 평등과 마찬가지로 따라오지 않았다.

Chapters 39, 40

 **추격대에 총상을 입는 톰**

톰과 헉은 짐의 오두막에 넣으려고 쥐를 여러 마리 잡지만 펠프스네 사내아이 하나가 그 상자를 발견하고는 쥐들을 집 안에 풀어 버린다. 마침내 톰과 헉은 쥐, 거미, 뱀을 충분히 잡아 짐의 오두막에 넣는다. 짐은 자기 공간도 부족하다고 하면서, 만약 자유로워진다면 "다시는 죄수는 하지 않겠어, 돈을 준대도 안 해"라고 불평한다.

3주 후, 마침내 대탈출을 위한 만반의 준비가 갖춰진다. 그 계획의 마지막 단계로, 톰은 펠프스 가족에게 '물불 안 가리는 자객단'이 짐을 오두막에서 빼낼 것이라는 익명의 편지를 쓴다.

헉은 버터를 가져가려고 집에 돌아왔다가 펠프스 가족이 자객단과 맞서 싸우기 위해 사내들 열다섯 명을 모아 놓은 것을 발견한다. 깜짝 놀란 헉은 창문으로 살그머니 빠져나와 이곳에 사내들이 있으니 즉시 달아나야 한다고 톰에게 경고한다. 사내들이 오두막으로 몰려올 때, 짐과 소년들은 구멍을 통해 빠져나오고 고함소리와 총성이 울리는 가운데 강으로 향한다. 그들은 뗏목에 도착하고, 이어 톰이 종아리에 총을 맞은 것을 발견한다. 톰은 그들에게 뗏목을 타고 떠나라고 말하지만, 짐은 의사가 톰을 치료하는 것을 보고 나서야 떠나겠다고 우긴다.

탈출이 시작되자 펠프스의 집은 완전 엉망이 된다. 이런 식으로 이 소설은 뗏목과 강의 평화로운 고요에서 사회와 강가의 혼란 속으로 더더욱 깊이 빠져든다. 톰과 헉은 낭만주의와 현실주의의 충돌을 상징한다. 그들은 계속해서 탈출을 비롯해 자신들이 처한 상황을 인식하는 시각이 다르다는 것을 보여준다. 헉은 마을 추격대의 등장에 겁을 먹지만 톰은 기뻐한다. 헉이 톰에게 집 안에 총을 가진 사람들이 가득하다고 말하자 톰은 마치 탈출 전체가 극적인 소설작품이라도 되는 듯 "멋지잖아!"라고 맞받아친다.

이미 독자들은 짐이 인정 많고 남을 배려한다는 것을 알고 있었더라도 40장은 짐의 용감함과 의리를 더욱 뚜렷하게 각인시킨다. 그들이 톰이 총에 맞은 것을 발견하자, 짐은 떠나기를 완강히 거부하고, "의사가 없으면 난 한 발짝도 이 자리에서 물러서지 않을 거야, 40년이 걸려도 안 가!"라고 말한다. 이 말은 희생정신을 갖춘 영웅적인 인물로서의 짐을 강렬하게 보여준다.

Chapters 41, 42

 짐, 다시 잡혀 농장으로

헉은 재빨리 의사를 찾아가고 그에게 자기 동생이 '꿈을 꾸다가 자기를 쏘았다'고 말한다. 의사가 뗏목으로 향하지만, 헉에게는 통나무배가 너무 작기 때문에 함께 갈 수 없다고 한다. 지친 헉은 다음날 아침까지 잠에 곯아떨어진다. 잠에서 깬 그는 사일라스 이모부와 마주치고, 둘은 펠프스 농장으로 돌아온다. 그곳에는 마을사람들이 잔뜩 모여 오두막과 그 안에 있는 것들에 대해 얘기를 나누고 있다. 농부들은 짐이 여러 노예의 도움을 받은 것이 틀림없으며, 그 글은 어떤 '은밀한 아프리카'의 언어라고 판단한다.

다음날, 톰과 짐이 의사, 몇몇 농부와 함께 펠프스 농장에 도착한다. 톰은 매트리스 위에, 그리고 짐은 손이 묶여 있다. 사내들은 짐을 교수형에 처할 것인지 아닌지를 논의한다. 의사는 짐이 달아나지 않고 톰을 도왔던 얘기를 들려준다.

다음날 아침, 잠이 깬 톰은 샐리 이모에게 자기와 '톰'(헉)이 어떻게 탈출을 모의했는지에 대해 말한다. 톰은 지난 이야기를 즐겁게 다시 하다가 짐이 아직 붙잡혀 있다는 말을 듣는다. 톰은 침대에서 일어나 왓슨 아주머니가 세상을 떠나면서 유언으로 짐을 해방시켰다는 것을 자기는 줄곧 알고 있었다며 짐을 풀어주라고 요구한다. 그 순간 폴리 이모가 도착하고, 그들은 자신들의 진짜 정체를 밝히지 않을 수 없게 된다.

톰이 총상을 입어 탈출계획을 지휘할 수 없게 되자 혁은 자기 상식과 논리에 따라 결정을 내린다. 혁은 톰의 복잡한 계획에 귀기울이지 않고, 거짓말과 상황파악이 빠른 자기 능력을 믿는다. 비록 의사는 혁의 이야기에 약간의 의심을 품지만 톰에게로 간다. 농장으로 돌아온 혁은 마을 전체가 톰의 기상천외한 탈출에 온 관심이 쏠려 있는 것을 발견한다. 농부들의 무지와 잘 속아 넘어가는 성향은 제멋대로 탈출을 재구성하고 이해하려 드는 데에서도 잘 나타난다.

인물 탐색 톰의 곁에서 떠나기를 거부하는 짐의 모습(40장)은 도망치지 않고 있다가 다시 잡히는 42장에서 더욱 두드러져 보인다. 짐을 해방시키기 위해 자신의 영혼을 희생하기로 한 혁의 이전 결정과 마찬가지로 짐은 톰과 함께 남음으로써 자신의 자유와, 어쩌면 목숨까지도 포기한다. 짐은 도망노예로 간주되기 때문에 "마을주민들은 매우 화가 나서, 개중에는 본보기로 짐의 목을 매달고 싶어 하는 사람도 있었다." 짐은 다시 잡히면 벌을 받을 수도 있다는 것을 틀림없이 잘 알고 있다. 이러한 모습은 소설 끝부분에 영웅적인 인물로서의 그의 역할을 돋보이게 한다. 톰을 구한 의사 역시 짐의 인격을 칭찬하고, 이 칭찬이 그의 입지를 더욱 공고하게 한다.

전술한 바와 같이, 이 소설에서 가장 논란이 분분한 요소 가운데 하나는 짐이 도주하던 동안 이미 자유의 몸이 되었다는 사실이다. 톰은 짐이 다시 잡혔다는 사실을 알고 침대에서 일어나 분명하게 말한다. "그 사람들은 짐을 가둘 권리가 없어요! 어서!—꾸물댈 시간이 없어요. 그 사람을 풀어주세요! 그 사람은 노예가 아녜요. 세상의 그 누구나와 마찬가지로 자유롭다구요!" 이처럼 그 모든 일이 불필요했다는 것이 밝혀지면서, 소설의 등장인물과 독자들은 놀란다.

주제 탐색 사건의 전환에는 두 가지 목적이 있다. 표면적으로 톰이 이미 해방된 사실을 알게 된 것은 톰과 헉 각자의 태도와 믿음이 최종적으로 인정받는 것이다. 톰의 낭만주의는 이제 장난스럽기보다는 해로운 것으로 보인다. 사회와 톰의 관계는 19세기 미국 노예의 어려운 처지에 대한 전반적인 연민의 결여를 보여준다. 하지만 그 표면 아래에는 인종이나 사회적 지위 또는 장소를 불문하고 그 누구도 문명과 그 잘못된 생각에서 자유롭지 못하다는 미묘한 교훈이 있다. 그렇다면 톰의 말은 미국의 상황에 대한 트웨인의 가장 신랄하고 반어적인 논평인 것이다.

Chapter 43

헉, 다시 자유를 꿈꾸다

헉이 톰에게 탈출이 성공했다면 어찌 할 셈기었느냐고 묻자, 톰은 미시시피 강 끝까지 모험을 계속했을 것이라고 말한다. 모험이 끝난 후에는 증기선을 타고 멋지게 귀향할 수 있을 테고, 그러면 모두가 영웅이 되는 것이다.

끝으로, 헉은 독자들에게, 이제 톰은 완쾌되어 총탄을 회중시계의 쇠줄에 달아 목에 걸고 다닌다고 말한다. 그는 만약 책을 쓰는 것이 얼마나 어려운 일인지 알았더라면 시도도 하지 않았을 것이라고 말한다. 그는 이제는 일을 마쳤으니까, 문명보다 한 발 앞서 있기 위해 그리고 진정한 자유 속에서 살기 위해 '다른 사람들보다 먼저 준주로 달아날 것'이 틀림없다. 샐리 이모는 이제 헉을 정식으로 입양해 '교화시키기'를 원하지만, 헉은 "그것을 견딜 수 없어요. 전에 해봤거든요"라고 말한다.

비록 헉과 짐은 모두 인성의 변화를 경험하지만 소설은 결말에 이르러 과부댁 더글러스 여사가 헉을 교화시키려 하던 도입부로 돌아간다. 마지막 장은 트웨인에게 집필과정과 〈허

클베리 핀의 모험〉의 완성에 얽힌 어려움을 토로할 기회를 준
다. 트웨인의 어려움은, 사회적 논평이냐 어린이 모험소설이
냐의 사이에서 하나를 정해야 하는 싸움에 기인한다. 비록 혁
이 '책 만드는 일이 이렇게 어려울 줄 알았더라면 덥석 달려들
지 않았을 것'이라고 분명히 말하지만, 그 얘기는 혁에게는 또
다른 모험이, 그리고 트웨인에게는 또 다른 소설이 기다리고
있을 것이라는 암시다. 언제나 독불장군인 혁은 계속해서 문
명의 허식을 피하고 자신만의 자유를 추구할 것이라고 말한다.

허클베리 핀   O

짐   O

톰 소여   O

트웨인은 누구를 이 소설의 화자로 삼을 것인지를 고심하면서, 인기 있는 인물인 톰 소여를 염두에 두었다. 어쨌거나 톰은 자기 자신의 이야기인 〈톰 소여의 모험〉에서 어마어마한 독자층을 모았던 인물이기 때문이었다. 그러나 트웨인은 톰의 낭만적인 인간성이 이 소설에는 어울리지 않을 것이라고 생각했고, 따라서 톰의 짝꿍인 허클베리 핀을 선택했다. 헉은 〈헉 핀〉에서 가장 중요한 인물이다. 그를 미국 문학에서 가장 중요하고도 가장 많이 알려진 인물 가운데 한 사람으로 만든 것은 그의 주변 그리고 자기 양심과의 내면적 투쟁에 대한 융통성 없고 실용적인 접근법이다.

19세기 후반에 성년이 되는 헉은 자기 주변을 실용적이고 논리적인 시각을 통해 본다. 그의 관찰은 판단이나 평가로 채워지지 않는다. 대신 미주리 주 남부로부터 강가에 점점이 자리잡은 마을과 미시시피 강을 지배하는 문화를 관찰해서 사실적으로 묘사한다.

현실적이면서도 종종 사회적으로 순진한 헉의 시각과 인식은 이 소설에 풍자적인 재미를 많이 제공한다. 그러나 중요한 점은, 헉 자신은 자기가 묘사하는 부조화를 결코 비웃지 않는다는 것이다. 예를 들면, 자기가 배운 가치와 자연스런 감정이 충돌하는 결정을 내리게 되는 순간까지는 왓슨 아주머니가 억지로 주입했던 난해한 사회적 · 종교적 교의를 액면 그대로 단순하게 받아들인다. 헉은 규율에 따를 수 없을 때, 나쁜 것은 규칙이 아니라 자기 자신이 부족하기 때문이라고 인정한다. 그는 "너의 이웃을 사랑하라"는 가르침과 동시에 노예제도를 시행하는 사회의 모순을 알아차리지 못한다. 그는 무식한 아버지의 인종차별적이고 반정부적인 폭언을 접하면서도 그의 세계에서는 '용인되는' 견해이므로 비난하지 않는다. 헉은 자기가 보는 것을 단순하게 전달하고. 트웨인은 무표정한 헉의 진술을 통해 일반적인 무지, 노예제도, 그리고 그에 따르는 비인간성의 사실적인 모습을 묘사한다.

이전에 등장한 몇몇 개척문학작품의 등장인물들과 마찬가지로 헉도 속임수로 거의 모든 상황에 적응하는 능력을 가지고 있다. 그는 놀기 좋아하지만 실용적이고, 창의력이 있지만 논리적이며, 마음이 따뜻하지만 현실적이다. 이러한 특성 때문에 팹의 학대, 숙적관계인 집안 간의 폭력, 그리고 사기꾼들의 농간에서도 살아남을 수 있는 것이다. 이 같은 상황에서 견뎌내기 위해 헉은 거짓말하고, 속이고, 훔치면서 강 하류로 자신의 길을 간다. 이러한 특성들 때문에 〈헉 핀〉이 아이들에게는 맞지 않는 책이란 비난도 듣지만, 아울러 그런 점들로 인해 그가 어려운 환경 손에서도 살아남고, 결국에는 올바른 결정을 내리게 되는 것이다.

헉은 사회의 법이 정강하다고 믿기 때문에, 짐을 돕고

법에 어긋나게 행동하는 자신을 반역자이자 악당이라고 책망한다. 더욱 중요한 것은, 헉이 노예를 도움으로써 하나님에게 다가갈 기회를 잃을 것이라고 믿는다는 점이다. 헉이 "좋아, 그럼 난 지옥으로 갈 테다"라고 선언할 때에는 사회와 천당에서의 자기 자리를 거부하는 것이다. 그 결정의 고결성은 영웅적인 인물로서의 그의 모습을 돋보이게 만든다.

○ 짐

혁과 함께 짐은 이 소설의 주요 인물이면서 미국 문학에서 가장 논란이 많은 인물 가운데 한 사람이다. 짐에 대한 작가의 영감이 어디에서 왔는지는 여러 가지 설이 있다. 트웨인의 자서전을 보면 다니엘 아저씨 이야기가 나온다. 그는 그의 삼촌 존 퀄즈의 농장에서 일하던 노예였다. 트웨인은 다니엘 아저씨가 다른 사람을 배려하는 마음과 거짓 없는 심성으로 이름난 사람이라고 묘사했다. 또 다른 설은 쿼리 농장 소작인 존 루이스와 트웨인의 관계에서 나온다. 트웨인은 윌리엄 딘 하우웰즈에게 보낸 편지에서, 농장에서 있었던 마차사고에 대해 회상하고 있다. 사건이 벌어지자 루이스는 마구 날뛰는 말을 진정시켜 그의 가족을 무사히 구해내고 말을 우리에 몰아넣음으로써 그 이후로 내내 트웨인의 존경을 받았다. 트웨인은 루이스의 노동관과 태도를 칭찬하기도 했다. 몇몇 평론가들은 또한 짐이 트웨인의 집사인 조지 그리핀을 모델로 삼았다는 말을 하기도 한다. 그는 트웨인이 〈헉 핀〉을 집필하던 여러 해 동안 함께 지낸 인물이다

　소설 도입부에서는 짐을 단순하고 잘 믿는 성격이라 속아 넘어가기도 잘하는 사람으로 그리고 있다. 이러한 성향은 이 소설 내내 바뀌지 않고, 한층 더 구체화되면서 부정적이 아니라 긍정적으로 그려진다. 짐의 단순한 천성은 상식이 되고, 끊임없이 자기와 헉이 가야 할 올바른 길을 선택한다. 예를 들면, 헉과 짐이 잭슨 섬에 있을 때, 짐은 새들의 불안한 움직임을 관찰하고는 비가 올 것을 예측한다. 짐의 예측은 거대한 폭풍이 섬을 덮치면서 현실로 나타난다. 그 순간은 매우 중요한 의미를 갖는다. 이 일을 계기르 짐의 말에는 무게가 실리고, 독자들은 그의 경험과 지혜를 인식하게 되기 때문이다. 짐의 통찰력은 또한 그가 공작과 왕이 사기꾼임을 알아차릴 때에도 드러난다. 헉처럼 짐도 사기꾼들이 뗏목을 장악하지 못하게 할 수 없다는 것을 깨닫지만, "난 더 이상은 바라지 않아, 헉. 이만큼이 내가 참을 수 있는 전부야"라고 헉에게 말한다.

　그러나 짐의 가장 중요한 자질은 '잘 속아 넘어가는' 천성이다. 이야기가 전개되면서 이 천성은 친구들, 특히 헉에 대한 완전한 믿음과 신뢰로서 나타난다. 이 소설 내내 크게 변하지 않는 짐의 한결같은 특성은 헉에 대한 믿음이다. 16장에서 짐의 자유를 지키기 위해 헉이 이야기를 하나 지어낸 이후에

짐은 그 호의를 결코 잊지 않겠노라고 말한다. 그러나 헉에 대한 짐의 사랑은 우정을 넘어 부모자식 간의 관계로까지 확대된다. 두 사람이 떠내려가는 집에서 죽은 사내의 시체를 접했을 때, 짐은 헉에게 죽은 자의 얼굴을 보지 말라고 주의를 준다. 그것은 친절한 행위지만, 독자들은 나중에 그 사내가 팹 핀이라는 것을 알게 되면서 짐이 헉에게 갖는 애정을 깨닫는다. 짐은 헉이 죽은 아버지를 보고 괴로워하는 것을 원하지 않은 것이다. 이 순간은 짐이 헉에게 아버지 같은 인물로 자리잡는다.

짐의 행동들은 어떤 면에서는 분명히 자신이 길들여진 사회에서 벗어날 능력이 없게 되는 데서 기인한다. 그에게는 다른 인종을 자기보다 우위에 놓도록 강요하는 사회규약과 법이 몸에 배어 있다. 하지만 헉에게 보여주는 희생과 마찬가지로, 짐은 자기 친구들을 위해 희생할 각오가 되어 있다. 소설 중간 중간에 짐에게는 헉을 떠날 기회가 많지만 곁에 남아 있음으로써 두 사람은 함께 도주한다. 짐과 헉이 안개 속에서 서로 떨어지게 되자, 짐은 헉에게 "널 잃어서 가슴이 진짜 찢어지는 것 같았고, 나나 뗏목은 어떻게 되든 상관이 없었다"고 말한다. 그렇다면 짐의 자유는 헉의 목숨만한 값어치가 없는 것이고, 독자들은 짐이 헉을 돕기 위해 자기 목숨을 무릅쓰리라는 것을 끊임없이 상기한다. 헉이 셰퍼드슨 가에 머물 때에도 짐은 늪에서 기다리며 자기들이 여행할 길을 놓고 머리를 짜고 있다. 더욱이 짐은 소설 끝부분에서 자유로워질 기회를

갖지만 톰 소여의 곁을 지키겠다고 말한다. 그의 의리를 보여
주는 또 하나의 예다. 짐의 논리, 연민, 지혜, 그리고 무엇보다
도 헉과 톰, 자기 가족에 대한 깊은 사랑은 그를 영웅적 인물
로 자리잡게 한다.

○ 톰 소여

만약 헉이 완벽한 현실주의자라면 톰 소여는 대표적인
낭만주의자다. 독자들은 톰이 등장하면 즉각 그 상황의 선도
자이거나 지배주체로서의 역할을 하는 것을 알아차리게 된다.
갱단의 명칭은 톰이 그 활동과 추구하는 일을 선도하기 때문
에 '톰 소여 일당'이다. 이러한 활동들은 언제나 모험을 추구
하는 톰의 엉뚱한 생각에 바탕을 두고 있다. 자기가 읽은 공상
적인 책들에 기초해 행동하는 톰은 자기 인생과 다른 사람의
인생을 그 책들에 꿰맞추려고 한다. 궁극적인 결과는 트웨인
이 경멸했던 감성과 감정의 희화화다. 낭만주의자 톰의 역할
은 헉의 융통성 없는 접근과 평행선을 이루기 때문에 극히 중
요하다. 비록 톰은 자기네 일당이 해적질과 살인의 위업을 추
구하겠다고 선언하지만 실제로는 '돼지장수와 밭에서 기른 작
물을 마차에 싣고 시장으로 가는 아낙네들을 향해 돌격하는
것'이 고작이다. 시장 가는 아낙네들을 우왕좌왕하게 만드는
소년들의 모습은 〈헉 핀〉의 초반부에서 악의 없는 재미를 제

공한다. 그 요란한 소동의 핵심에는 톰이 있다. 톰의 지속적인 과장은 헉의 무덤덤한 내레이션과 대비된다. 헉이 실용적일 때 톰은 감성적이고, 헉이 논리적일 때 톰은 허풍스럽다. 독자들은 톰의 생각이 어리석다는 것을 쉽사리 알아차리지만 헉은 톰의 권위에 의문을 제기하지 않는다. 오히려 톰의 지식이 자기보다 낫다고 믿는다. 여기에는 노예제도에 대한 톰의 생각도 포함된다.

어떤 의미에서 보면 톰은 헉과 짐이 강 하류로 도주하며 떠나온 개화된 사회를 대표한다. 톰이 엉뚱한 탈출계획을 내놓자, 짐은 다시 잘 속아 넘어가는 노예가 되고, 헉은 단순한 행동대원이 된다. 톰이 총명하다는 것은 틀림없고 어떤 고생을 하더라도 짐을 풀어주겠다고 말하지만, 뒤이은 책략을 보면 톰이 사회와 자신이 가진 낭만적 이상주의로부터 벗어나지 못한다는 것을 암시한다. 심지어는 짐의 자유가 걸려 있을 때조차.

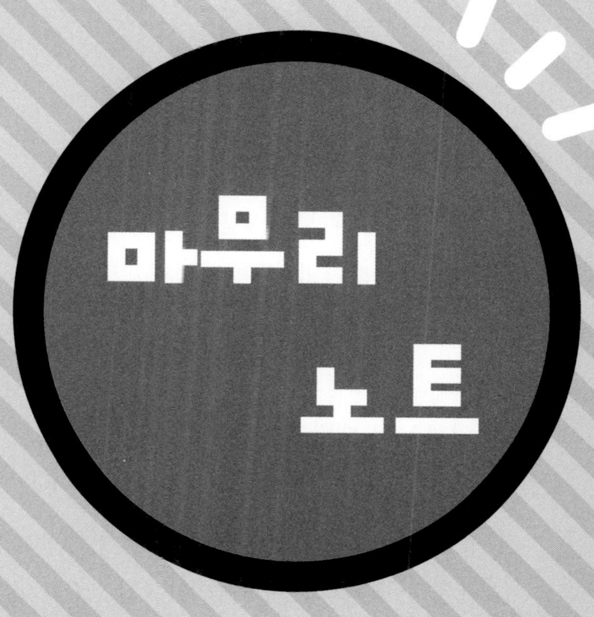

주제 — 자유 *vs.* 문명   ○

성격묘사 — 팹 *vs.* 짐   ○

주제 — 자유 vs. 문명

　　대부분의 문학작품들과 마찬가지로 〈허클베리 핀의 모험〉도 중심 줄거리 주변에서 전개되는 여러 주제를 통합해 하나의 이야기가 만들어진다. 그 이야기는 헉이란 소년, 도망노예 짐, 그리고 그들이 더 큰 사회와 충돌하게 되는 미시시피강 하류로의 대장정을 통해 얻는 도덕적, 윤리적, 인간적 발전에 관한 것이다. 헉과 짐이 추구하는 것은 자유이고, 이 자유는 큰 강을 따라 존재하는 문명과 첨예하게 대비된다. 이 작품 전반에서 대비되는 주제들을 결합시키는 경우가 매우 흔하고, 트웨인은 그 결과로 나타나는 모순을 이용해서 재미와 통찰력을 끌어낸다. 만약 자유 대 문명이 이 소설을 감싸는 주제라면, 톰의 낭만주의 대 헉의 현실주의를 포함해 몇몇 주제적인 모순을 통해 그것이 드러나고 있다.

　　낭만주의 문학운동은 18세기 후반부터 19세기까지 번성했다. 신고전주의*로 정의한 합리주의에 대한 반동으로 묘사되는 낭만주의는 상상, 감정, 감성을 대단히 강조한다. 영웅적인 업적, 위험천만한 모험, 과장된 산문체가 특징이며, 지성

---

* **신고전주의**: 복합성, 모호성, 무절제를 반대하고 단순, 절제, 규칙, 상식을 존중한 운동. 인간의 이성으로 얻은 지식에 입각해 합리적 질서의식을 존중하며 엄격한 규칙을 받아들임. 객관적으로 어울리는 어법과 문체를 이룩하려 했고, 그들의 모범을 그리스 로마 문학에서 찾았으며, 이들 고전작가들을 전통주의자로 존경했다.

과 이성보다는 감각과 감정을 높이 샀다. 해리엇 비처 스토, 내더니얼 호손, 에드거 앨런 포 같은 작가들은 모두 엄청난 인기를 누렸다. 게다가 뉴잉글랜드의 르네상스 작가들—에머슨, 롱펠로, 홈즈, 휘티어—은 문학계를 지배했고, 엉뚱한 생각에 대한 대중들의 욕구는 채워지질 않을 것만 같았다.

그러나 1870년대 말이 되면서 낭만주의의 위대한 시대는 정점에 다다른 것처럼 보였다. 음탕한 유머와 미국 변경에 대한 사실적인 묘사가 신속하게 뉴잉글랜드 문학계의 그 정교한 문화를 대신했다. 윌리엄 딘 하우웰즈는 그 새로운 움직임을 "사물을 있는 그대로 다루는 것, 그 이상도 그 이하도 아니다"라고 묘사했다. 새로운 문학 형태가 세련된 낭만주의의 잿더미 속에서 등장했고, 이것은 기존의 문학적·사회적 전통 양식을 공격했다. 그 공격은 놀라운 것이 아니다. 마크 트웨인 같은 신예작가들은 중류층의 가치기준에서 부상했고, 따라서 그들 이전에 등장했던 교양 있고, 고상한 작가들과는 적나라하게 대비되었다. 문학적 사실주의는 낭만주의에 구속되지 않고 때로는 잔인하고 가혹하게, 있는 그대로의 미국을 그리려고 노력했다. 〈헉 핀〉에서 이 대비는 톰과 헉의 모습으로 나타난다.

낭만주의 운동을 대표하는 톰은 논리적인 헉을 기꺼이 자신의 책략과 모험에 끌어들인다. 소설 도입부에서 갱단을 조직하기 위해 모인 소년들에게 톰은 만약 자기들의 비밀을 누설하는 사람이 있으면 그 당사자와 가족을 몰살하겠다고 말한다. 일당의 과장된 결의는 그 자체로 우스꽝스럽다. 그러나 그 갱단이 주일학교의 소풍을 공포로 몰아넣음으로써, 트웨인은 낭만주의를 희화화하는 데 성공한다. 톰이 헉과 나머지 소년들에게 아랍인과 스페인 사람들에게서 보석을 훔칠 것이란 확신을 심어주려 하면 할수록 그 모습은 더더욱 우스워진다. 일당이 순무를 훔치고 톰이 그것들을 보석이라고 명명한 후, 헉은 '거기에서 득 되는 게 없기에' 탈퇴하기로 결심한다.

실용적인 헉은 사실주의의 대리인이기 때문에 마침내 '모험'이 톰 소여의 거짓말에 불과하다고 판단한다. 헉은 톰의 논리와 상상력 이면에 담긴 목적을 알지 못하고, 톰의 엉뚱한 생각에 대한 헉의 융통성 없는 진술은 소설에 많은 재미를 제공한다.

톰이 소설 종반에 다시 등장하지만, 트웨인은 낭만주의를 공격하기 위해 소설 여기저기에서 다른 장치들을 이용한다. 1장에서 헉이 듣게 되는 '나뭇가지가 툭 부러지는 소리'는 제임스 페니모어 쿠퍼의 〈모히컨의 최후 *The Last of the Mohicans*〉 같은 "가죽각반 연작"*을 교묘하게 암시한다. 19세기 초 미국 소설가에 대한 풍자글인 〈페니모어 쿠퍼의 문학적

---

* **가죽각반 연작**(Leatherstocking Tales): 제임스 페니모어 쿠퍼의 5부로 구성된 연작소설. 〈모히컨의 최후〉는 그 중 두 번째 작품이다.

범죄 *Fenimore Cooper's Literary Offenses*〉에서 트웨인은 쿠퍼
로 하여금 '다른 어떤 효과보다 부러진 나뭇가지를 높이' 평가
하게 만든 낭만주의에 반대하는 주장을 펼친다. 그러면서 "사
실, 가죽각반 연작은 부러진 나뭇가지 연작으로 불렸어야 한
다"고 했다. 더군다나 헉과 짐이 강 하류로 도주하는 동안 만
나는 좌초된 증기선의 이름이 〈아이반호 *Ivanhoe*〉와 〈앨벗
The Albott〉을 쓴 낭만주의 작가 월터 스콧과 같다는 것은 우
연이 아니다.

　　트웨인의 낭만주의에 대한 희화화는 단순하게 유머의
문학적 도구 그 이상을 의미한다. 톰의 상상력 또한 잘 짜여
진 문명의 이상주의를 상징하고 이 소설 끝부분에서 짐의 자
유와 뚜렷하게 대비된다. 이런 식으로, 19세기 미국 사회 특히
남부에서 인종적 편견과 증오를 극복했다는 그릇된 믿음은 짐
을 펠프스 농장에서 풀어주려는 톰의 엉뚱한 생각만큼이나 우
스꽝스럽다.

　　헉은 톰이 지닌 낭만주의의 타당성에 대해 의문을 가지
면서, 아울러 종교적인 가르침과 사회의 법들에 대해서도 의
문을 갖는다. 그러나 헉은 톰이 제도권 교육과 가정교육을 제
대로 받아서 판단이 건전하다고 믿기 때문에 지옥에 갈 운명
인 사람은 자신이라고 생각한다. 톰과 헉 사이의 상호관계는
단순히 재미를 위한 것만은 아니다. 톰의 낭만주의와 헉의 현
실주의의 대비는 또한 노예해방선언 이후조차 여전히 분열되

고 불평등한 모습을 견지하는 사회를 향해 트웨인이 던지는
비난이다.

성격묘사 — 팹 vs. 짐

　　한 작품에서 가장 중요한 요소 가운데 하나가 성격묘사
인 것은 의심의 여지가 없다. 허구세계의 대표자들로서 그 역
할을 수행할 일단의 인격체를 창조하는 일은 그 많은 주제들
만큼이나 이야기 전개에 극히 중요하다. 마크 트웨인이 풀어
야 할 숙제는 가공의 인물들에게 사실적인 특성과 인격을 부
여해 생명을 불어넣는 것이었다. 다시 말해, 독자가 등장인물
들을 일상적으로 마주치는 사람들처럼 생각하고 인정할 수 있
도록 만들어내야 했다. 이를 위해 트웨인은 빈번하게 자신의
어린 시절 경험들을 끄집어내 미국 문학에서 가장 기억에 남
을 인물을 여럿 창조했다.

　　〈헉 핀〉의 각 페이지를 채운 인물들은 넓디넓은 분야에
걸쳐 수없이 많다. 당연히 헉은 자기 환경에 대한 융통성 없고
실용적인 접근, 그리고 자기 양심과의 끊임없는 싸움으로 인
해 연구대상이다.

　　헉의 친구인 짐 역시 분석가치가 있는 인물이다. 미국
역사에서 대다수 흑인 등장인물들이 바보나 '톰 아저씨들'로

그려지던 시기에, 짐은 일개 집안하인에서 톰의 구원자로 변신에 성공함으로써 어느 정도 영웅적 인물의 모습을 갖추고 있다. 제대로 된 영웅으로서의 모든 자질—의리, 믿음, 사랑, 동정심, 힘, 지혜—을 구현하며, 두 소년을 위해 기꺼이 자신의 자유와 목숨을 희생하려는 자세는 그를 고전적인 선한 인물로 자리잡게 한다.

혁과 짐 모두 〈허클베리 핀의 모험〉에서 영웅으로 볼 수 있다. 그러나 두 인물이 선(善)의 주된 대리자라면 팹 핀은 타락하고 추악한 세계의 특징들을 보여주는 본보기라는 면에서 가장 비루하고 비열한 등장인물이다. 팹이 '길고, 엉켜 붙어서 기름이 번들번들한' 머리에 누더기를 걸치고 다시 나타난 장면은 일찍이 혁이 경험했던 가난, 그리고 미국의 노예제도와 편견을 지배했던 무지와 잔인성의 사실적인 예다. 그는 종교와 교육을 모두 의심하고, 혁이 왓슨 아주머니와 과부댁 더글러스 여사의 세계에 살면서 글 읽는 능력을 갖추고 있다는 데에 위협을 느끼고 분개하는 인물이다.

그러나 짧은 구절들을 제외하면 독자는 팹의 개인사와 그가 표출하는 세상을 향한 분노의 근원에 대해 전후 사정 얘기를 들은 바 없다. 뒤이어 밝혀지는 것을 보면 팹은 혁의 상금을 손에 넣으려고 사기꾼의 술책들을 모두 드러낸다. 팹은 개과천선해 '새 삶'을 시작했으며 자기 삶을 하나님께 맡겼다는 거짓말로 신임판사를 납득시킨다. 그러나 그가 '곤드레만드레 취해' 팔이 부러진 괴로운 영혼으로 판사의 집 밖에 쓰러지고 마는 그의 예전 상태로 돌아오는 데에는 하룻밤밖에 걸리지 않는다. 팹이 엽총의 도움이나 받아야 개조될지 모를 인간이라는 판사의 말은 뒤이어 일어날 상황의 어두운 전조다.

독자들은 헉이 팹의 보호 하에 넘어가면 처하게 될 무서운 상황을 감지한다. 헉의 분명치 않았던 과거 가정생활은 팹의 끊임없는 위협에 의해 뚜렷이 드러나고, 팹은 헉에게 '눈꼴시게 너무 뻐기려고' 들면 흠씬 두들겨 패주겠다고 경고한다. 소년과 아버지의 첫 만남에서 던지는 폭행위협은 즉흥적이고 앞뒤가 맞지 않아 그를 우스운 인물로 만든다. 헉에게는 팹의 술주정이 놀랍지도 않고 잔인한 것도 아니다. 그저 삶의 한 단면으로 존재할 뿐이다.

팹의 폭력적인 감시 속에서, 헉은 판단이 성급한 사회와 문명의 제약으로부터 자유로운 낭만적인 삶을 살려고 한다. 헉은 학교와 마을의 강요된 규율에서 벗어나 '자유로이' 존재하면서 술과 도둑질로 점철된 팹의 삶을 받아들인다. 그러나 팹이 '지나치게 히코리 몽둥이를 가까이' 하게 되자 달아나기로 결심한다. 뒤이은 구절들은 자기 외아들을 빼앗아간 정부에 대한 욕설과 '깜둥이'에게 투표권을 허용한 나라에 대한 비난을 묘사하고 있다. 그러나 팹의 터무니없는 횡설수설 뒤에는 헉이 계속 맞고 지냈으며 오두막에 갇힌 채 며칠씩 혼자 방치되었다는 현실이 자리하고 있다.

　　자녀를 학대하는 부모상을 보여주는 팹의 역할은 이 소설의 매끄러운 진행을 방해하지만 매우 중요하다. 왜냐하면 용감하면서도 남을 보호할 줄 아는 짐과는 완전히 대비되는 모습을 보이기 때문이다. 헉과 짐이 9장에서 떠내려 오는 목조가옥과 맞닥뜨릴 때, 그들은 가재도구들 사이에서 죽은 사내를 발견한다. 짐은 시체를 훑어본 후에 헉에게 집으로 들어오되 "얼굴은 쳐다보지 마 —너무 끔찍하거든"이라고 말한다. 짐의 행동은 자식을 보호하는 부모와 같지만, 그 행위의 상징적 의미는 소설의 마지막 장에 가서야 완전하게 드러난다. 마지막 장에서 짐이 그 집에 죽어 있던 사내가 팹이었다고 말해주자, 헉은 아버지가 다시는 자기를 성가시게 하거나 학대하지 않을 것임을 깨닫는다. 이로써 독자들은 짐의 행위를 남의 입장에서 생각하고 배려할 줄 아는 사람의 그것으로 보게 된다. 이러한 의미에서 짐은 아버지를 대신한다. 헉은 짐을 역할 모델로 해서 그가 지닌 훌륭하고 존경할 만한 자질을 이어받게 되고, 그를 해방시키는 결정도 내릴 수 있게 된다.

이 부분은 원작에 대한 이해력을 테스트하는 난입니다. 세 가지 코너를 차례로 끝내면, 〈허클베리 핀의 모험〉에 대한 포괄적이고 의미 있는 파악이 가능해질 것입니다.

A   다음 질문에 알맞은 답을 고르시오.

1. 소설의 도입부에서 헉은 왜 톰 소여 일당에서 탈퇴하는가?

    a. 울타리에 페인트칠을 하려고
    b. 팹이 탈퇴하도록 강요해서
    c. 갱단이 허울뿐이라고 판단해서

2. 헉은 왜 짐을 도우면 지옥으로 갈 것이라고 생각하는가?

    a. 사회가 그렇게 말해서
    b. 짐이 그렇게 말해서
    c. 공작이 그렇게 말해서

3. 그랜저포드 가와 셰퍼드슨 가의 반목이 터무니없는 것은 무엇 때문인가?

    a. 양가가 친척이라서
    b. 양가가 상류층이고 교양이 있어서
    c. 양가가 노예를 소유하고 있어서

4. 소설 안에서 공작과 왕의 역할은 무엇인가?

   a. 헉과 짐에게 하류로 계속 가도록 강요한다.
   b. 헉과 짐에게 증기선 여비를 준다.
   c. 헉과 짐을 사기꾼들로부터 보호한다.

5. 뗏목/강가 이분법이 상징하는 것은 무엇인가?

   a. 평화로운 뗏목과 비열한 강가
   b. 헉과 짐이 뗏목을 탄 횟수
   c. 평화로운 강가과 비열한 뗏돗

6. 톰은 왜 복잡한 탈출을 주장하는가?

   a. 그래야 사람들이 그들에 대해 생생한 이야기를 쓸 테니까
   b. 그래야 폴리 이모가 자기들을 자랑스러워할 테니까
   c. 낭만주의 책에서는 그렇게 하기 때문에

7. 소설 끝부분에서 농부들은 왜 짐을 교수형에 처하지 않는가?

   a. 짐이 오하이오 강 상류로 도주했기 때문에
   b. 헉이 그를 친구라고 말하기 때문에
   c. 톰이 총상을 입었을 때 짐이 함께 있었기 때문에

8. 트웨인은 왜 미시시피 강을 배경으로 사용하고 있는가?

   a. 그가 그곳의 사람과 지역을 알고 있기 때문에
   b. 미국에서 가장 큰 강이기 때문에
   c. 그곳이 무법지대였기 때문에

정답: 1. c 2. a 3. b 4. a
5. a 6. c 7. c 8. a

B 다음 인용문은 〈허클베리 핀의 모험〉 원작에서 **누가, 어떤 상황에서 한 말인지 찾아보시오.**

1. 여러분은 〈톰 소여의 모험〉을 읽지 않았다면 나에 대해 모르겠지만 그건 중요하지 않다.

2. 과부댁 더글러스 여사, 그녀는 나를 아들로 생각하고, 교화시키기로 했다. 그러나 과부댁이 모든 면에서 음산할 정도로 규칙적이고 단정 하다는 점을 고려한다면 그 집에서 내내 산다는 건 감당하기 힘든 일이었다. 따라서 더 이상 참을 수 없게 되었을 때 나는 도망을 쳤다.

3. 때때로 과부댁은 나를 한쪽으로 데리고 가서 몸이란 입에 군침이 돌 정도로 하느님에 대한 얘기를 했다. 그러나 다음날에 왓슨 아주머니 가 그 모든 것을 확 잡아 다시 뒤집어 버리는 것 같았다. 세상에는 하나님이 두 분 계시다고 판단했다. 가엾은 놈은 미망인의 하나님에 게는 상당한 역량을 발휘하지만 왓슨 아주머니에게 걸리면 더 이상 은 국물도 없었다.

4. 사람들이, 너도 교양이 있구나, 읽고 쓸 줄을 아는 걸 보니, 라고들 하지. 아버지보다는 낫다고 생각하잖아, 아버지는 그러질 못하니까? 이 애비가 네 놈에게 다 갚아주지.

5. 그 헛소리는 쓰레기고, 그 쓰레기는 친구 머리에 더러운 걸 덮어 씌 워 부끄럽게 만드는 거야.

6. 다음 일요일 우리는 모두 3마일 정도 떨어진 교회로 갔다. 모두들 말 을 타고. 사내들은 총을 휴대했고, 벅도 마찬가지였으며, 총을 무릎 사이에 끼우거나 벽에 가까이 세워 놓았다. 셰퍼드슨 가도 마찬가지.

7. 어쨌든 뗏목만큼 편안한 곳이 없다고 우리는 말했다. 다른 장소들은 너무 비좁고 숨이 막히지만 뗏목은 그렇지가 않다. 뗏목에 있으면 너무너무 자유롭고 느긋하고 편안하다.

8. 영국에서는 파티라고 합니다. 지금 여러분들께서 치르려고 하시는 게 좀더 정확히 바로 그거니까 피티가 더 낫습니다. 그 단어는 밖에서, 공터에서, 널리를 뜻하는 그리스어 orgo에서 온 거고, 히브리어 jeesum은 심다, 덮다이고, 따라서 매장하다가 됩니다. 그러니까 아시듯이 장례 파티란 밖에서 또는 널리 공개적으로 하는 장례식이란 거죠.

9. 좋아, 그렇다면 난 지옥으로 갈 테다.

10. 그 사람들은 그를 가둘 권리가 없어요. 어서요!—꾸물거릴 시간이 없어요. 그를 풀어주세요. 그는 노예가 아녜요. 이 지구를 걸어 다니는 그 어떤 사람들처럼 자유로운 사람이란 말이에요.

모범답안: 1. 헉, 독자들에게 하는 말로 1인칭 화자로 자기 존재를 알리는 것 2. 헉, 독자들에게 하는 말로 사회와 문명에 대한 혐오를 표현 3. 헉, 독자들에게 하는 말로 종교의 가르침이 지닌 동정적이면서 위선적인 차이를 상징하는 구절 4. 팹, 헉에게 하는 말로 이 구절은 팹의 무지와 헉의 교육을 보는 불안한 마음을 상징 5. 짐, 헉에게 하는 말로 헉에 대한 신뢰와 우정을 나타내고, 그것을 이용해먹는 헉을 비난하는 표현. 6. 헉, 독자에게 하는 말로 셰퍼드슨 가와 그랜저포드 가의 대립을 비꼬는 표현. 특히 이 구절은 종교의 위선을 상징 7. 헉, 독자에게 뗏목 위의 평화로움과 자유를 설명 8. 왕, 윌크스의 장례식에서 '파티 orgies'와 '장례식 obsequies'을 헷갈려서 하는 말. 이 구절은 그와 그를 믿는 마을주민들의 무지를 가리킴 9. 헉, 자신과 독자들에게 짐에 대한 책임감으로 결정을 내릴 때 던지는 말. 짐을 위한 헉의 희생행위를 상징하는 구절. 10. 톰, 독자는 물론, 자기 침대 밑에 있는 사람들에게 짐이 왓슨 아주머니에 의해 해방되었다고 주의를 환기시키는 말.

C   다음 주제에 대해 논술하시오.

1. 허클베리 핀과 톰 소여의 성격을 비교하시오.

2. 짐의 특성과 그가 어떻게 영웅적 인물로서의 자격을 얻는지 또는 얻게 되는지 논술하시오.

3. 헉의 양심과의 싸움 그리고 그가 어떻게 영웅적 인물로서의 자격을 얻는지 또는 얻게 되는지 논술하시오.

4. 강변의 환경과 뗏목 위의 환경을 비교하고 논술하시오.

5. 헉의 말 "좋아, 그럼 나는 지옥으로 갈 테다"에 대해 논술하시오.

6. 이 소설에서의 풍자의 사용과 트웨인이 사회적 논평을 위해 어떻게 서로 다른 형태의 유머를 사용했는지 논술하시오.

7. 낭만주의와 사실주의에 대해 논술하시오.

8. 트웨인이 헉 핀을 화자로 내세운 것과 헉의 융통성 없는 목소리가 이 소설에 미친 영향에 대해 논술하시오.

9. 헉의 종교관, 특히 두 형태의 하나님에 대한 생각과 두 형태를 대표하는 인물에 대해 논술하시오.

10. 남북전쟁 이전과 이후, 미국의 인종차별을 사실적으로 그리고 있는 이 소설에 대해 논술하시오.

一以貫之
논술노트

진정한 모험 – 자신과 세상의 문제에 솔직하게 대면하는 것　○

실전 연습문제　○

一以貫之는 '논어'에 나오는 말로 '모든 것을 하나의 이치로 꿴다'는 뜻입니다.

논술의 주제와 문제 유형, 제시문들은 참으로 다양하고 가지각색입니다. 그러나 그 모든 것을 하나로 꿸 수 있습니다. '인간사회의 보편적 문제들에 대한 근원적인 물음에 답하는 자기 나름의 견해'라는 것이지요. 논술은 인간이면 누구나 부닥치는 개인적 또는 사회적 문제들에 대한 자기 나름의 고민이자 성찰입니다. 논술은 자기견해, 자기 가치관, 자기 삶에 대한 솔직한 고백입니다.

一以貫之 논술 연구모임은 '자신의 물음'과 '자신의 생각'을 갖고 '자신의 글'을 쓸 수 있도록 도와줍니다.

진정한 모험—자신과 세상의 문제에 솔직하게 대면하는 것

허클베리 핀이 감행한 모험들의 공통점은 무엇인가?

〈허클베리 핀의 모험〉은 백인 소년 '헉'이 흑인 노예 '짐'과 함께 노예제를 폐지한 자유의 땅을 찾아가면서 겪는 여러 가지 모험을 그리고 있다. 마크 트웨인은 미시시피 강을 따라 내려가는 도중에 두 인물이 겪는 흥미진진한 사건들을 통해 당시 미국 사회를 대표하는 다양한 유형의 사람들과 풍습, 제도 등을 풍자한다. 나아가 그 기반을 이루는 종교적 가치관과 사회적 관념을 비판하고 있다. 특히 비인간적인 인종차별과 노예제도, 이를 외면하는 화석화된 종교, 어른들의 탐욕과 무지, 갖가지 위선과 편견 등에 대해 신랄한 비판과 풍자를 퍼붓는다.

그러나 이 소설을 읽어갈 때 헉이 실제 행동으로 겪는 모험적 사건들에만 초점을 맞추면 헉이 자신의 다양한 모험적 행위들을 통해 겪게 되는 또 하나의 중요한 모험을 놓치게 된다. 이 소설에서 우리가 진정으로 놓치지 않아야 할 것은 한 소년이 자신의 생각과 마음속에 자리한 가치관과 의식, 양심 등에 대해 의문을 제기하고 갈등하면서 겪는 양심의 모험이다. 그것은 내면적 투쟁을 통해 그가 자신의 삶에 부닥친 문제들에 대해 스스로 판단하고 결정을 내리면서 자신을 한 인격체로 성장시켜가는 것에 관한 모험이다. 이것이 바로 허클베리 핀이 감행한 다양한 모험들의 공통적인 성격이다.

혁은 기존질서와 문화, 교육, 종교 등에 의해 형성되어 자신의 내면 한 편에 자리잡고 있는 사회적 규범에 대한 의식과 또 다른 한 편에 잠재된 자신의 인간성 또는 양심 사이에서 끊임없이 갈등한다. 짐의 믿음과 우정을 이용해서 장난을 치고 난 후 잘못을 깨달은 혁은 말한다. "깜둥이에게 사죄를 하러 갈 결심이 생기기까지는 15분이 걸렸어. 하지만 나는 사과를 했어."(15장) 이것은 그가 '백인이 흑인 노예에게 사과하는 것은 있을 수 없다'는 사회적 믿음과 '친구의 진심을 이용해서 골려주는 것은 비열하다'는 양심이 자신의 내면에서 격렬하게 15분간은 싸웠다는 것을 의미한다. 이러한 갈등은 이 소설의 16장과 31장에서 가장 극적으로 묘사된다.

"미안하지도 않아? 왓슨 아주머니가 네게 무슨 잘못을 저질렀는데. 그 사람의 깜둥이가 네 눈앞에서 도망치려는 것을 보고 있으면서도 너는 아무 말도 하지 않고 있잖아? 그 불쌍한 왓슨 아주머니가 너한테 무슨 짓을 했다고? 어떻게 그런 매정한 짓을 할 수가 있지. 그 분은 너한테 글을 가르쳐주려고 했어. 예의범절을 가르쳐주려고 했고. 모든 방법으로 너를 도와주려고 했어. 그런 분이라고."

나는 비참하고 한심스런 생각이 들어서 차라리 죽어 버렸으면 하고 생각했을 정도였어.

(중략)

"헉이 나를 자유롭게 해주었어. 짐은 언제까지나 너를 잊지 않을 거야. 헉 너는 짐의 제일가는 친구야. 지금은 하나밖에 없는 친구야."

나는 짐을 신고하러 가려던 참이었어. 하지만 짐에게 이런 얘기를 듣고 나니까 온몸의 기운이 싹 빠져 버리는 것 같은 느낌이 들더군. 그래서 천천히 노를 저어 갔지만 도통 마음을 잡을 수가 없었어. 50야드쯤 갔을 때, 짐이 뒤에서 외쳤어. "자아, 가는구나. 배신을 모르는 헉이 가는구나. 너는 짐과의 약속을 어긴 일이 없는 단 한 사람의 백인 신사야."

나는 정말로 가슴이 답답해져 왔어. 하지만 나 스스로에게 다짐했지. 이건 꼭 하지 않으면 안 돼. 그만둘 수는 없다고 말이야.

(16장, 목적지인 자유의 땅 '케이로'에 도착했다고 생각하고 짐을 신고해야 한다는 사회적 규범과 자신의 양심 사이에서 갈등하는 헉)

나에게 두 마음이 있기 때문이다. 나는 죄를 그만두는 척하면서도 마음속에서는 가장 큰 죄를 놓지 않고 있는 것이다. 입으로는 옳은 일, 깨끗한 일을 합니다. 그리고 그 깜둥이의 거처를 주인에게 편지로 알리겠습니다, 하면서도 마음 한 구석에서는 그것이 거짓말이라는 것을 알고 있다. 그리고 하나님도 그것을 알고 있다. 그러니 거짓 기도를 올릴 수는 없다. 나도 그것을 깨달은 것이다.

그러한 까닭으로 나는 가슴속이 고뇌로 가득찼으며 더 이상을 견딜 수 없을 만큼 괴로워져서 어떻게 해야 좋을지 모를 지경이 되고 말았다. 마침내 생각이 하나 떠올랐다. 편지를 쓰자, 그리고 나서 기도가 나올는지 시험해 보자. 그러자 놀랍게도 나는 깃털처럼 기분이 가벼워지며 고뇌는 전부 깨끗이 사라져 버렸다. 그래서 나는 기쁨으로 가슴속이 두근거렸고, 종이와 연필을 꺼내어 썼다. (중략) 아슬아슬한 장면이었다. 나는 종이를 집어 들었다. 그리고 부들부들 떨었다. 영원히 둘 중에서 어느 하나를 결정하지 않으면 안 되었고, 어느 쪽으로 할 것인지 알고 있었기 때문이었다. 나는 숨을 죽이고는 잠시 이렇게 생각했다. "좋아, 그럼 나는 지옥으로 갈 테다." 이러고는 종이를 부욱 찢어 버렸다.

(31장, 종교적 또는 사회적 규범의 압력에도 불구하고 짐의 인간성을 인정하고 신고를 포기하기로 결정하는 척)

양심의 모험은 사회와 개인에게 어떤 의의가 있는가?

사회적 관습과 규범이 가하는 압력과 개인의 양심 사이에서 벌어지는 갈등은 인간의 역사가 시작된 이래로 끊임없이 이어져 왔다. 그리고 소크라테스나 예수, 또는 부처처럼 이름 높은 성인들은 물론이고, 인간의 역사에 등장하는 수많은 선구자들은 하나같이 자신의 양심에 기초하여 당연의 세계에 의문을 던졌던 사람들이다. 그들의 모험 덕택에 인류는 정신적 풍요로움과 깊이를 더할 수 있었으며 낡고 불의한 관습과 제도, 규범들을 타파하고 새로운 역사를 열어갈 수 있었다. 그래서 기성의 권위가 지닌 압력에 굴하지 않고 양심의 모험을 감행한 사람들의 이야기는 인류의 양심으로 빛나고 있으며 언제 들어도 감명 깊다.

노예제를 찬성하는 정부에 세금을 낼 수 없다며 감옥행을 택한 헨리 데이비드 소로는 〈시민 불복종〉에서 양심을 다음과 같이 옹호하고 있다. "우리는 먼저 인간이어야 하고, 그 다음에 국민이어야 한다고 나는 생각한다. 법에 대한 존경심보다는 먼저 정의에 대한 존경심을 기르는 것이 바람직하다. 내가 떠맡을 권리가 있는 유일한 책무는, 어떤 때이고 간에 내가 옳다고 생각하는 일을 행하는 일이다. 나는 누구에게 강요받기 위해 이 세상에 태어난 것은 아니다. 나는 내 방식대로 숨을 쉬고 내 방식대로 살아 갈 것이다. 누가 더 강한지는 두고 보도록 하자."

오늘날 우리 사회에서도 양심을 향한 투쟁과 모험은 계속되고 있다. 재벌과 상급기관의 압력에도 굴하지 않고 재벌 회사들의 부당한 토지소유를 폭로한 이문옥 전 감사관과 같은 양심적인 내부고발자들은 용감한 양심의 모험가들이다. 평화를 지향하는 자신의 양심을 지키기 위해 사회적 비난과 국가권력의 처벌위협에도 불구하고 '양심적 병역거부'를 감행한 젊은이들이 있었다. 국가안보를 강조하는 사람들에 맞서 사상과 양심의 자유를 옹호하는 사람들은 국가보안법의 존폐에 대한 싸움을 계속하고 있다. 세계적인 시장경쟁에 앞서 나감으로써 엄청난 국익를 가져올 수 있는 학문적 업적에 다소간의 비윤리적인 문제가 있더라도 덮어두자는 광적인 사회적 압력에도 불구하고 황우석 사건을 파헤친 〈PD 수첩〉의 제작자들과 '브릭'의 젊은 과학도들의 모험이 있었다.

양심의 모험은 낡은 제도와 사회적 악습에 대한 부당한 폐해를 고쳐나가면서 사회정의와 진보에 기여하는 것에 그치지 않는다. 〈허클베리 핀의 모험〉에서도 알 수 있듯이 양심의 모험은 한 인간이 정신적 독립과 자율성을 가진 인격체로 성숙해 가는 데 필수적이다. 기성의 가치와 질서를 맹목적으로 받아들이지 않고 자신의 고유한 가치관과 정신세계를 구축해 가는 과정은 자신의 양심에게 끊임없이 질문을 던지는 과정이다. 한 개인은 사회적으로 일반화된 느낌과 생각이 아니라 자신의 솔직한 느낌과 생각에 기초허 성찰하고 소통하며 실천할 때 개성을 갖춘 인격체로 성장할 수 있기 때문이다.

비인간적인 사회제도와 악습을 당연하게 받아들이는 기성의 종교적 또는 사회적 규범들이 가진 위선을 꿰뚫어보고 이에 대항해 싸우기로 결정하고 행동에 옮기는 것이 쉬운 일은 아니다. 여러 가지 사회적 비난과 따돌림, 법적 처벌과 재정적 손실 등 그가 겪어야 할 고통은 더없이 크다. 그래서 우리는 자주 그 위선에 직면하면 우리의 양심이 내는 목소리를 애써 듣지 않으려고 한다. 그리고 그러한 자신을 위로하기 위

해 여러 가지 이유로 불의에 대항한 싸움을 그친 자신을 정당
화한다. 핑계 없는 무덤 없듯이 우리의 비양심에는 무한한 변
명이 뒤따른다.

그래서 사회적 지위와 명예, 그리고 생계를 잃어버릴
위험을 무릅쓰는 양심의 모험을 감행하는 사람은 소수이고,
대다수 사람들은 마음의 거리낌 없이 또는 마음의 거리낌에
도 불구하고 모험을 포기한다. 〈사상의 자유의 역사 *A History
of Freedom of Thought*〉에서 저자 존 벡넬 베리는 다음과 같
이 그 이유를 설명한다. "평균적인 두뇌는 본래 게으르며, 가
장 저항이 적은 노선을 취하려는 경향이 있다. 보통 사람의 정
신세계를 구성하는 믿음들은 아무런 의심 없이 받아들여져서
그대로 확고히 자리잡은 것들이다. 보통 사람들은 이 친숙한
세계의 기성질서를 뒤집는 것에 대해 본능적으로 적대적이다.
그들이 가지고 있는 믿음에 어긋나는 새로운 생각이란 곧 그
들의 정신을 재조정해야 할 필요성을 의미하는데, 그 과정은
고통스러우리만큼 엄청난 정신적 에너지의 소모를 요구한다.
대다수를 차지하는 이들 보통 사람들에게 기존의 믿음과 제도
에 의문을 던지는 새로운 생각과 의견은 사악한 것으로 보인다.
왜냐하면 그것들은 불쾌하기 때문이다."

헉의 어떤 특성이 양심의 모험을 가능하게 하였나?

그렇다면 우리의 주인공 헉은 어떻게 그 모험의 길을 나설 수 있었던 것일까? 트웨인은 소설의 첫머리에서 이 소설에서 '동기'와 '교훈'과 '계략'을 찾는 자들에게 '기소하고 추방하고 총살할 것'이라고 경고한다. 그러나 내 양심은 그러한 경고를 들을 이유가 없다고 말한다. 따라서 주인공 헉의 어떤 성격과 삶의 자세가 기성의 규범에 대항하는 양심의 모험을 감행하게 만들 수 있었는지 분석하고 교훈을 찾아보고자 한다.

헉은 자신과 세상에 대해 순수하고 솔직하다. 그는 아무런 사심 없이 과부댁이나 왓슨 아주머니의 종교적 교화를 있는 그대로 믿으려고 한다. 그러나 그것이 실제의 자기 느낌과 생각에 어긋나면 어긋나는 것 자체도 그대로 직시한다. 그리고 그 모순을, 문제점을 솔직하게 드러낸다. "그래서 나는 하나님의 섭리가 틀림없이 두 가지일 것이라고 생각했어. 과부댁의 섭리라면 인색한 자들도 구제받을 수 있지만, 왓슨 아주머니의 섭리에 붙들리는 날이면 영 헤어날 길이 없으리라고 생각했지."(3장) 헉의 이러한 특성은 때로는 다소 고지식하고 융통성 없는 것처럼 보이기도 하지만 사실상 그의 인격을 양심에 기초하여 성장시켜가는 근본적인 동력이다.

그런데 헉이 가진 이러한 특성은 대부분 사람들이 교육받고 세련된 교양인과 지성인이 될수록 더욱 가지기 어렵다.

그들은 삶에 대한 진실성보다는 타인을 의식해서 자신을 수식하고 꾸미는 데 능하기 때문이다. 소설 속에서도 두 가문이 서로에 대한 원한으로 살인과 폭력을 일삼으면서도 일요일에는 교회에서 '동포애'에 대한 설교를 듣는 장면이 나온다.(18장) 그 설교에 대해 헉은 '시시한 얘기'라고 한다. 사실 인간성과 양심은 학식과 사회적 지위, 명성, 부와 권력 등에 반비례하는 경향이 강하다. 과학기술문명의 발전과 물질적 풍요에도 불구하고 치열한 경쟁 속에서 갈수록 피폐해지는 현대인의 내면을 생각해 보면 기계와 문명, 지식이 인간의 순수성을 해친다고 주장한 '노장사상'이 설득력 있게 들린다.

헉은 끊임없이 묻고 의심한다. 기존의 권위나 도덕규범이 가진 편견과 위선에 대한 반란은 자신의 머리로 판단하는 의심에서 시작된다. 자신의 생각이 분명해질 때까지 그는 계속 생각한다. 특히 행위의 정당성을 분명하게 깨닫지 못하고 갈등할 때는 괴로워한다. 그의 이러한 특성은 정신적 독립과 삶의 자율성을 추구하는 그의 자유로운 성품과 관계가 깊다. 그는 폭력적인 아버지의 물리적 구속보다 과부댁의 간섭에 더욱 질색한다.(6장) 이러한 헉의 특성은 행위의 목적이 가진 정당성, 의미, 가치에 대한 합리적 성찰로 이어진다. 그는 그의 이성을 가지고 수단의 효율성만을 사고하지 않는다. 오히려 끊임없이 자신의 행동이 지향하는 '목적' 그 자체와 그 목적이 지닌 가치와 의미를 성찰하는 데 더 많은 시간을 들이고 있다.

 허클베리 핀의 모험

그리고 그러한 성찰에서 논리적이며 합리적인 사고를 하려고 애쓴다.

혁은 실사구시(實事求是)적인 정신을 가지고 있다. 어떤 문제에 부닥칠 때 그는 생각만으로 판단하지 않는다. 실제 시험하고 실행에 옮겨 보고 부닥쳐 본다. 이것은 현실적인 해결책과 현명한 판단을 불러온다.

"그런데 사실은 그렇지가 않았어. 내가 시험 삼아 해보았거든. 그 후 나는 2, 3일 동안 이 일을 곰곰이 생각해 보았어. 그리고 정말인지 아닌지를 시험해 보기로 했지."(3장)

"나 외에도 이 섬에 살고 있는 놈은 도대체 누구인지 정체를 밝혀내자. 부딪쳐 보는 거다. 그렇게 생각하니 마음이 좀 낫더군."(8장)

"이 두 허풍선이가 실은 왕도 공작도 아니고 그저 비열한 사기꾼에 지나지 않는다는 것을 물론 나도 진작부터 알고 있었지. 하지만 나는 한 마디도 지껄이지 않았고 내색도 하지 않았어. 그게 상책인 것 같은 생각이 들었거든. 그렇게 해두면 싸움도 나지 않을 것이고 성가신 일도 일어나지 않을 테니까."(19장)

"도덕에 위배되든 말든 땅을 파는 데는 곡괭이가 제일이야. (중략) 그것을 대가들이 어떻게 생각하든 그런 건 내 관심 밖이야."(36장)

혁의 판단은 신중하되 행동은 단호하고 신속하다. 말에 대한 책임은 신의와 관계가 있다. 앎과 행동 사이에 괴리가 없음은 허위의식이나 위선이 끼어들 틈을 없앤다.

"깜둥이에게 사죄를 하러 갈 결심이 생기기까지는 15분이 걸렸어. 하지만 나는 그렇게 했어. 나중에도 나는 그 일을 후회한 적이 한 번도 없어. 이 일이 있은 후로 나는 두 번 다시 짐에게 하찮은 장난을 하지 않았지."(15장)

"좋아, 그럼 나는 지옥으로 갈 테다. 이러고는 종이를 부욱 찢어 버렸다. 그것은 무서운 생각이었고 무서운 말이었지만, 그러나 벌써 입 밖으로 나와 버린 것이었다. 그리고 입 밖으로 내 버린 이상, 다른 생각을 하지 않았다. 머리에서 모든 것을 짜내 버려. 그런 식으로 자라났으니 내 성품에 맞은 악행을 또 다시 계속해 나가자. 그 반대의 행동은 나에게는 맞지 않으니까, 라고 혼자 중얼거렸다. 그 처음 일로서 짐을 노예상태에서 빼내자. 그보다 더 나쁜 일이 머리에 떠올랐다면 그것도 해내자. 지옥에 가기로 작정한 이상 철저하게 해내는 것이 좋을 테니까."(31장)

위협받고 있는 현대인의 양심

오늘날에도 인종, 종교, 성(性), 민족, 연령, 재산, 학력 등등의 차이에 기초한 차별과 불평등이 우리의 삶을 어둡게 하고 있다. 상대를 함께 발전해 가야 할 대등한 인간적 존엄성을 지닌 존재로 인정하지 않은 것에 대한 양심의 싸움이 여전히 필요하다. 그럼에도 양심이 차별적으로 작동하면서 한 부분에서의 양심이 다른 부분에서는 비양심인 경우가 많다. 종교적 진리를 설파하는 종교인 가운데는 입으로는 영적인 것을 말하면서 행동으로는 물질적인 것을 추구하는 사람들이 많다. 종종 부정과 부패에 대해 분노하는 시민운동가나 언론의 양심은 노동문제나 환경문제에 대해서 작동하지 않는다. 남성이 여성을 억압하고 차별하는 것에 분노하면서 민족적 차별이나 계급적 차별은 외면하는 여성주의자도 있다. 민족적 편견과 차별에는 분노하는 민족주의자가 성차별과 계급적 차별은 외면하는 경우도 있다. 계급적 차별에 대항해 싸우면서 성차별과 인종차별은 비양심의 편에 서는 노동운동가도 있다.

그러나 오늘날 양심과 인간성을 발휘하기 어렵게 만드는 가장 큰 사회적 압력은 뭐니뭐니 해도 돈과 시장의 질서다. 모든 생필품이 화폐로 구매해야 하는 상품이 되어 버린 세상에서 소유를 위한 경쟁에서 앞서기 위해 사람들은 양심에 거리끼는 일도 마다하지 않는다. 어린이들의 꿈도 청소년들의 포부도 생존경쟁의 전초전인 학력경쟁 앞에 시들어 버리고 개성 잃은 직업인들로 바뀌어 간다. 양심의 도험을 감행하다가는 시장에서 추방당하고 굶어죽기 십상이기 때문이다.

한 인디언이 미국 백인들의 위선에 던진 비판의 화살은 많은 현대인들에게 여전히 유효하다. "우리가 보기에 그들은 삶의 기준을 돈에다 두고 있으며, 진실과 거짓조차 돈 앞에서는 그 위치가 뒤바뀐다. 죽음 앞에서도 진실을 말하는 우리 인디언들과 사뭇 다르다. 그들은 누구보다 진리에 대해 잘 설명하고, 진리가 적혀 있다는 책을 늘 지참하고 다닌다. 그러나 그들만큼 진리와 동떨어진 행동을 하는 자들도 없다. 만일 인디언 부족 내에 그러한 자가 있었다면 당장 부족 밖으로 추방당했을 것이다. 우리는 진리의 책이라는 걸 가져 본 역사가 없으며 누가 어떤 진리를 말했다고 해서 그것을 책에 적어놓고 찬양하고 다니지도 않는다. 우리에게는 삶이 곧 진리이며, 진리가 곧 삶이다. 진리로부터 멀어진 삶은 곧 죽음이며, 그런 삶을 사는 자에게는 진리의 책도 아무 소용없다.”(우리가 이해할 수 없는 것, 오히예사의 삼촌)

사회적 관습과 제도, 규범을 고정된 가치나 의미를 지닌 것으로 절대화하거나 신비화하지 않아야 한다. 양심이나 내면, 인간성, 영혼 등의 말도 본능적이고 초역사적인 그 무엇으로 신비화하지 않아야 한다. 헉의 양심은 그가 인간사회에 살면서 타인을 배려하는 사람들의 마음을 읽고 거기에서 배운 것들이다. 과부댁이나 왓슨 아주머니의 간섭에는 질색하지만 그들이 자신에게 베풀려는 ‘따뜻한 마음’은 느낀다. 평소의 삶에서 주변을 진솔하게 배려하는 마음을 배워야 한다. 인간의 양심과 인간성은 인류가 오랜 역사 속에서 보편적으로 발전시켜 온 가치들로 모든 인간의 내면에 잠재되어 있는 능력이다. 우리의 내면에 잠재된 인간성과 양심을 깨워 모험을 나서게 하려면 어떤 경우라도 자신과 타인에게 솔직하고 따뜻하게 다가가야 한다.

양심의 자유에 대해

　우리 헌법 제19조는 "모든 국민은 양심의 자유를 가진다"고 규정하고 있다. 헌법재판소는 양심의 자유를 '어떤 일의 옳고 그름을 판단함에 있어서 그렇게 행동하지 아니하고는 자신의 인격적 존재가치가 허물어지고 말 것이라는 강력하고 진지한 마음의 소리'(헌재 1996.3.27, 96헌가11.)로 정의하고 있으며, 이는 '세계관, 인생관, 주의, 신조 등은 물론 이에 이르지 아니하여도 보다 널리 개인의 인격형성에 관계되는 내심에 있어서의 가치적, 윤리적 판단도 포함'(헌재 1991.4.1, 89헌마160. 이 결정은 '사죄광고'의 강제가 '양심의 자유'에 반한다는 취지의 결정이다)하는 것으로 보고 있다.

　"양심의 자유에는 널리 사물의 시시비비나 선악과 같은 윤리적 판단에 국가가 개입해서는 안 되는 내심적 자유는 물론, 이와 같은 윤리적 판단을 국가권력에 의하여 외부에 표명하도록 강제 받지 않는 자유, 즉 윤리적 판단사항에 관한 침묵의 자유까지 포괄한다고 할 것이다. 이와 같이 해석하는 것이 다른 나라의 헌법과 달리 양심의 자유를 신앙의 자유와도 구별하고 사상의 자유에 포함시키지 않은 채 별개의 조항으로 독립시킨 우리 헌법의 취지에 부합할 것이며, 이는 개인의 내심의 자유, 가치판단에는 간섭하지 않겠다는 원리의 명확한 확인인 동시에 민주주의의 정신적 기초가 되고 인간의 내심의 영역에 국가권력의 불가침으로 인류의 진보와 발전에 불가결한 것이 되어 왔던 정신활동의 자유를 보다 완전히 보장하려는 취의라고 할 것이다."(헌재 1991.4.1, 89헌마160.)

〔1990 대입〕 중앙대 논술고사

두 놈이 정신없이 다투고 있는 틈을 타서 나는 급히 그 장소를 피해 걸음아 날 살려라고 사슴처럼 강둑길을 내달렸다. 기회라고 생각했기 때문이다. 이것으로 당분간 놈들은 나와 짐을 만날 일이 없으리라고 생각했다. 나는 숨이 차서 못 견딜 지경이었지만 기쁨으로 가슴이 뿌듯해져 뗏목에 이르기가 무섭게 큰 소리로,

"뗏목을 풀어, 짐. 이젠 문제없어!" 하고 외쳤다.

그러나 아무 대답도 없었고, 윅앰(북아메리카 인디언의 텐트 오두막집)으로부터는 아무도 나오지 않았다. 짐이 간 곳이 없다! 나는 불러 보았다. 다시 한 번 불러 보았다. 그 다음 또 한 번 불러 보았다. 그리고는 숲 속을 이리저리 뛰어다니면서 불러 보기도 하고, 또 날카로운 소리를 질러 보기도 했지만 역시 헛수고였다. 그리운 짐은 간 곳이 없었다. 그래서 나는 풀썩 주저앉아 엉엉 울었다. 울지 않을 수가 없었다. 그러

나 언제까지 앉아 있을 수도 없고 해서 얼마 후엔 어떻게 하면 좋을까를 곰곰이 생각해 보려고 한길로 나갔다. 가다가 이쪽으로 걸어오는 사내아이를 만났다. 이러이러한 복장을 한 낮선 깜둥이를 본 일이 없느냐고 물었다. 그랬더니 그 아이 대답이, "만났어" 하는 것이 아닌가.

"어디쯤에서?"

"여기에서 2마일 하류의 사일라스 펠프스 아저씨 집에서. 그 놈은 도망친 깜둥이로 사람들이 붙잡은 거야. 그 깜둥일 찾는 중이니?"

"찾고 있는 게 다 뭐야! 난 한 시간인가 두 시간 전에 그 놈과 숲에서 만났는데 그 놈은 만일 내가 소릴 지르면 배창자를 갈라놓겠다고 공갈을 치잖아. 그리고 또 가만히 누워서 꼼짝 말라고 했기 때문에 그대로 했지. 나오는 게 다 뭐야. 무서워서 지금까지 그렇게 하고 있었는데 뭐. 꼼짝도 못하고."

"응, 그래? 이젠 무서워할 건 없어. 붙잡혔으니까. 남부 어디서 도망쳐 왔대."

"붙잡아서 큰 돈벌일 했군."

"그럼. 네 말이 옳아! 200달러의 상금이 붙어 있으니까 말이지. 길에 떨어져 있는 돈을 줍는 것과 마찬가지야."

"그렇구말구. 나두 어른이었더라면 그 돈을 탈 수 있었을 걸 그랬군. 그 놈을 제일 먼저 본 건 나니까. 누가 붙잡았지?"

"어떤 낯선 노인이었어. 그런데 자기 권리를 40달러에 팔아 버렸대. 강을 올라가야 해서 마냥 기다리고 있을 수는 없다고 하면서. 좀 생각해 보란 말이야! 나라면 기다릴 테야, 비록 7년이 걸리는 한이 있더라도 괜찮아."

"나두. 한데 그렇게 싸게 파는 걸 보니 그 이상의 가치가 없어서 그랬을지도 몰라. 다른 내막이 있는 게 아닐까?"

"그건 그렇지 않아. 틀림없어. 내 두 눈으로 삐라를 봤거든. 그 깜둥이에 관한 것이 상세히 기록되어 있더군. 그림을 보듯이 인상이 쓰여 있던데 그래. 그리고 그가 도망쳐 온 뉴올리언스의 농장에 관한 얘기도 써 있고. 정말 이것은 땅 짚고 헤엄치는 격이야. 정말 그래. 이봐, 너 씹는 담배 있으면 조금만 줘."

나에게는 가진 것이 없었으므로 그 애는 가버렸다. 나는 뗏목으로 돌아와 윅앰 속에 들어가 앉아 생각해 보았지만 암만해도 좋은 생각이 떠오르지 않았다. 나는 머리가 아파질 때까지 생각하고 또 생각했지만 이 난국을 해결할 방법이 좀처럼 생각이 나질 않았다. 여기까지 긴 여행을 해왔고, 그 악한들을 그렇게까지 섬겼는데도 불구하고 모든 것이 허사로 돌아갔고, 엉망진창이 되고 말았다. 그것은 놈들이 겨우 그 더러운 40달러 때문에 짐을 이렇게까지 속였고 일생을 낯선 사람들 사이에서 노예로 살아가게 만들 수 있을 만큼 무정한 놈들이었기 때문이다.

나는 짐이 어차피 노예로 살 거라면 가족이 있는 고향에서 노예 노릇을 하는 편이 짐에게도 천 배나 좋을 테니까 톰 소여에게 편지를 내어 왓슨 아주머니께 짐이 있는 곳을 가르쳐주라고 써 보내는 것이 좋겠다고 생각했다. 그러나 두 가지 이유에서 이 생각은 곧 단념했다.

즉 왓슨 아주머니는 자기 곁을 떠난 짐의 괘씸한 심사와 배은망덕에 화가 난 나머지 짐을 같은 하류 지방에다 또 다시 팔아 버릴지도 모를 일이고, 비록 그렇게는 하지 않는다고 하더라도 사람들은 배은망덕한 깜둥이를 의당 경멸해 늘 짐에게 그 점을 느끼게 할 것이다. 짐은 사시사철 자기가 천하고 수치스런 인물이라는 것을 느낄 것이다. 또 나는 어떻게 되는 거지? 헉 핀이 깜둥일 자유의 몸으로 만드는 데 조력을 했다는 소문이 마을에 퍼질 테지. 만일 그 마을에서 누구라도 만나는 날엔 난 부끄러워서 얼굴도 쳐들지 못하게 될 게 아닌가!

그 까닭은 이렇다. 사람은 천한 행위를 한다. 그리고 그 보복을 받기 싫어한다. 남들이 그 행위를 모르는 한은 수치가 아니라고 생각한다. 내 괴로운 입장도 바로 이것이었다. 이 일을 생각하면 생각할수록 점점 더 나를 괴롭히고, 점점 내가 나쁘고, 천하며, 지긋지긋한 놈으로 생각되었다. 갑자기 그때 다음과 같은 생각이 언뜻 내 머리에 떠올랐다. 이것은 분명히 하나님의 섭리의 손길이 내 얼굴을 때린 것이며, 나에게 아무 해도 끼친 일이 없는 불쌍한 노파로부터 깜둥이를 훔쳐내고 있을 동안 하나님이 나의 악행을 보고 있다는 것을 깨우쳐주는 것이다. 그리고 또 이와 같은 철없는 행동에 대해서 늘 감시를 게을리 하지 않고 있으며, 지금까지는 괜찮지만 앞으로는 안 된다고 하는 하나님이 있다는 것을 내게 보여주고 있다고 생각하니 어찌나 무서웠던지 그 자리에 그만 풀썩 주저앉고 싶을 지경이었다. 그래서 나는 원래 그렇게 못되게 자라나서 그럴 수밖에 없으니 거기까지 탓할 건 없지 않느냐고 타일러 얼마간이라도 마음의 위안을 구하려고 했지만, 내 가슴 속에서 무언지 모를 존재가 계속 이렇게 책망하는 것이었다.

"주일학교라는 게 있었잖아? 너는 갈 생각만 있었다면 능히 갈 수 있었어. 갔었다면 그 깜둥이에게 해준 것 같은 짓을 하면 영원한 불 속에 던져질 것이라는 걸 배웠을 거야."

이렇게 생각을 하자 나는 몸이 부들부들 떨렸다. 나는 기도를 올려, 이제까지와 같은 애가 아니라 좀더 좋은 애가 될 수 있을는지 나 자신을 시험해 보리라고 결심했다. 그래서 무릎을 꿇었다. 하지만 말이 나오지 않는다. 왜 그럴까? 하나님에게 감추려고 해도 소용없는 일이다. 또 내 자신에게 감추려고 해도 소용없는 일이다. 왜 말이 안 나오는지 나는 그 이유를 알 수 있었다. 그것은 내 마음이 올바르지 않기 때문이다. 나에게 두 마음이 있기 때문이다. 나는 죄를 그만두는 척하면서도 마음속에서는 가장 큰 죄에 시달리고 있는 것이다. 입으로는 '옳은 일, 깨끗한 일을 합니다. 그리고 그 깜둥이의 거처를 편지로 알리겠습니다' 하면서도 마음 한 구석에서는 그것이 거짓말이라는 것을 알고 있다. 그리고 하나님도 그것을 알고 있다. 그러니 거짓 기도를 올릴 수는 없다. 나도 그것을 깨달은 것이다.

그러한 까닭으로 나는 가슴속이 고뇌로 가득 찼으며 더 이상 견딜 수 없을 만큼 괴로워져서 어떻게 해야 좋을지 모를 지경이 되고 말았다. 마침내 생각이 한 곳에 모아졌다. 편지를 쓰자, 그리고 나서 기도가 나올는지 시험해 보자. 그러자 놀랍게도 나는 깃털처럼 기분이 가벼워지며 고뇌는 전부 깨끗이 사라져 버렸다. 그래서 나는 기쁨으로 가슴속이 두근거렸고, 종이와 연필을 꺼내어 썼다.

"왓슨 아주머니에게

아주머니의 도망친 노예 짐은 파이크스빌 하류 2마일 지점에 있습니다. 펠프스 아저씨가 붙잡았습니다. 상금을 보내면 석방할 것입니다.

헉 핀으로부터"

나는 난생 처음 죄가 깨끗이 씻겨진 것처럼 상쾌한 기분이 되어 이제는 기도를 드릴 수 있을 것 같았다. 그러나 곧 기도를 드리지 않고 종이를 아래에 내려놓고서 앉은 채 생각했다. 참 이렇게 되어서 천만다행이다. 하마터면 지옥에 떨어질 판이었다고. 그리고는 생각을 계속하였다. 그러는 중에 강을 내려오던 우리의 여행 생각이 얼핏 머리에 떠올랐다. 짐의 영상이 줄곧 내 마음을 떠나지 않았다. 달밤인 때도 있었고 또 폭풍우가 일던 때도 있었다. 우리는 얘기를 하면서, 노래를 부르면서, 웃으면서 강을 내려왔다. 그러나 웬일인지 짐에게 악감정을 품었던 경우는 전혀 머리에 떠오르지 않고 그 반대의 장면들만이 머리에 떠올랐다. 짐이 자기 몫의 당번을 한 다음에, 내가 그대로 계속 잘 수 있도록 나를 깨우지 않고 내 몫까지 해주고 있는 모습이 자꾸만 머리에 떠올랐다. 또 안개 속으로부터 내가 돌아왔을 때에도, 그리고 그 '숙원(宿怨)'이 있던 땅에서 늪지에 있는 짐에게로 돌아왔을 때에도, 또 그밖에도 짐이 얼마나 기뻐해 주었는지 그 모습이 머리에 떠올랐다. 그리고 늘 나를 '도련님, 도련님' 하고 부르며 귀여워했고, 될 수 있는 일이라면 무슨 일이고 간에 나를 위해서 전력을 다해 주었다. 짐은 나를 얼마나 친절하게 대해 주었던가. 맨 나중에 내가 이 뗏목에 천연두 환자가 타고 있다고 하여 짐을 구해 냈을 때 짐은 아주 고마워하며, 임잔 이 늙은 짐이 세상에서 가진 가장 좋은 친구이며, 그때로선 유일한 친구라고 하던 것이 머리에 떠올랐다. 그러고 나서 우연히 주위를 둘러보았는데 예의 그 종이가 눈에 들어왔다.

　아슬아슬한 장면이었다. 나는 종이를 집어 들었다. 그리고 부들부들 떨었다. 영원히 둘 중에서 어느 하나를 결정하지 않으면 안 되었고, 어느 쪽으로 할 것인지 알고 있었기 때문이었다. 나는 숨을 죽이고는 잠시 이렇게 생각했다.

　"좋아, 그럼 나는 지옥으로 갈 테다." 이러고는 종이를 부욱 찢어 버렸다.

그것은 무서운 생각이었고 무서운 말이었지만, 그러나 벌
써 입 밖으로 나와 버린 것이었다. 그리고 입 밖으로 내 버린
이상, 다른 생각을 하지 않았다. 머리에서 모든 것을 짜내 버려.
그런 식으로 자라났으니 내 성품에 맞은 악행을 또 다시 계속
해 나가자. 그 반대의 행동은 나에게는 맞지 않으니까, 라고
나는 혼자 중얼거렸다. 그 처음 일로서 짐을 노예상태에서 빼
내자. 그보다 더 나쁜 일이 머리에 떠올랐다면 그것도 해내자.
지옥에 가기로 작정한 이상 철저하게 해내는 것이 좋을 테니까.

— 마크 트웨인 〈허클베리 핀의 모험〉

〈문제 1〉 이 글에 나타난 갈등의 본질을 500자 내외로 분석하시오.

〈문제 2〉 주인공의 결정이 지니는 의의(意義)를 우리 사회가 지닌 문제
들과 연결 지어 논술하시오. (800-900자)

〔01대입〕 서울대 논술고사

(가)

내가 시골을 떠나 북경(北京)으로 온 지가 어느새 6년이 지났다. 그동안 귀로 듣고 눈으로 본 국가의 대사(大事)를 헤아려 보면 무척이나 많다. 그러나 그것들은 내 마음속에 아무런 흔적도 남기고 있지 않다. 만약 그런 사건의 영향을 찾아내 보라고 한다면, 나로서는 단지 내 신경질만 늘게 하였을 뿐이라고 말할 것이다. 솔직히 말하면, 날이 갈수록 나 자신과 남을 무시하는 인간으로 만든 것뿐이라고 말할 수밖에 없다.

단지, 하나의 작은 사건만이 나에게 의의가 있고, 나를 신경질에서 멀어지게 해주었다. 나는 지금도 그 일을 잊을 수 없다.

그것은 1917년 겨울, 심한 북풍이 몰아치던 날의 일이었다. 나는 생계를 위한 일로 아침 일찍 외출하지 않으면 안 되었다. 거리에는 거의 사람의 그림자 하나 보이지 않았다. 간신히 인력거 한 대를 붙들어 S문까지 가자고 하였다. 조금 있자

북풍의 기세는 어느 정도 수그러졌다. 길거리의 티끌이 말끔히 바람에 날려가 한 줄기 깨끗한 대로(大路)만 보였다. 인력거꾼의 발걸음도 차차 가벼워졌다. 이윽고 S문에 거의 다다른 지점에서 갑자기 인력거 채에 누군가가 걸려 천천히 넘어졌다.

넘어진 것은 한 노파였다. 머리에는 백발이 희끗희끗하였고, 옷은 남루하였다. 그녀는 길가에서 갑자기 인력거 앞을 가로질러 가려 했던 것이다. 인력거꾼은 급히 방향을 돌렸으나, 솜이 삐져나와 있는 그녀의 저고리 단추가 채워져 있지 않았기 때문에 그녀의 저고리 자락이 바람에 펄럭이면서 인력거 채에 걸렸던 것이다. 인력거꾼이 얼른 걸음을 늦추었기에 망정이지 그렇지 않았더라면 그녀는 틀림없이 거꾸로 넘어져서 머리를 다쳐 피를 흘렸을지도 몰랐다.

그녀는 땅바닥에 엎드린 채 있었다. 인력거꾼은 인력거를 멈추었다. 나는 그 노파가 별로 다치지 않았으리라고 생각하였다. 게다가 아무도 보고 있는 사람이 없었다. 그래서 나는 인력거꾼을 쓸데없는 짓을 하는 녀석이라 생각하였다. 일부러 제가 일을 만들어 나까지 예정을 어긋나게 하다니…….

그래서 나는 그에게 말했다.

"아무 일도 아니야. 그냥 가."

인력거꾼은 들은 척도 하지 않고—혹은 귀에 들리지도 않았는지 모르겠다.—인력거 채를 내려놓고 노파에게 손을 내밀어 천천히 부축해 일어서게 해주었다. 그리고 물었다.

"어찌 됐어요?"

"부딪혀서 넘어졌단 말이야."

나는 속으로 생각하였다. 당신이 천천히 넘어지는 걸 내 눈으로 똑똑히 보았소. 다치기는 어디를 다쳐요. 미친 수작임에 틀림없어. 정말 밉살스러운데. 인력거꾼은 인력거꾼대로 또 쓸데없는 참견만 하려고 들어. 스스로 즐겨 난처한 꼴을 당하고 싶거들랑 마음대로 그래 봐.

인력거꾼은 노파의 말을 듣자, 조금도 주저하지 않고 그 팔을 부축한 채로 한 발 한 발 맞은편 쪽으로 걷기 시작하였다. 내가 이상히 생각하여 그쪽을 보니 거기에는 파출소가 있었다. 세찬 바람이 분 뒤라 파출소 문 밖에는 아무도 서 있지 않았다. 인력거꾼은 노파를 부축하면서 그 파출소 정문을 향하여 걸어가는 것이었다.

나는 이 순간 갑자기 일종의 야릇한 감정에 사로잡혔다. 먼지투성이의 그의 뒷모습이 갑자기 커다랗게 느껴졌다. 그리고 멀어져감에 따라 더욱더 커져서 우러러보지 않으면 보이지 않을 것같이 느껴졌다. 더구나 그는 나에게 차차 일종의 위압적인 존재로 변해갔다. 그리고는 마침내 털가죽으로 안을 댄 내 저고리 속에 감추어져 있는 '비소(卑小)'를 쥐어짜낼 듯한 기세였다.

이때 나는 잠시 얼어붙어 버린 듯한 느낌이 들었다. 인력거에 탄 채로 꼼짝도 하지 않고, 아무것도 생각할 수 없었다.

이윽고 파출소에서 순경이 나오는 것을 보고 나는 비로소 인력거에서 내렸다.

순경은 내가 있는 데까지 오더니 말했다.

"다른 인력거를 타시죠. 저 인력거꾼은 인력거를 끌지 못하게 되었습니다."

나는 생각할 겨를도 없이, 외투 주머니에서 한 움큼의 동전을 꺼내어 순경에게 건네며 말했다.

"이걸 인력거꾼에게……."

바람은 완전히 그쳐 있었다. 길거리는 여전히 조용하기만 하였다. 나는 걸으면서 생각하였다. 그러나 그 생각이 나 자신에게 미치게 되는 것을 스스로 몹시 두려워하고 있는 것 같이 느껴졌다. 그 전 일은 덮어둔다 해도 도대체 저 한 움큼의 동전은 무슨 뜻이었을까? 그에게 주는 상금? 내가 인력거꾼을 심판할 수 있단 말인가? 나는 자신에게 대답할 수 없었다.

이 사건은 지금에 와서도 끊임없이 내 마음속에 떠오른다. 이 일로 인해 나는 끊임없이 고통을 참으며 나 자신에게로 생각의 방향을 돌리려고 노력하게 되었다. 지난 몇 해 동안의 문치(文治)나 무력(武力)도 나에게는 어렸을 때 읽었던 "자왈(子曰), 시(詩)에 이르기를……." 하는 식과 마찬가지로, 한 구절도 기억에 남아 있지 않다. 다만, 이 작은 사건만이 언제나 나의 뇌리에서 사라지지 않고, 때로는 전보다 더욱 선명하게 나타나, 나를 부끄럽게 만들고, 나를 격려하며, 나아가서 나의

용기와 희망을 북돋아 주는 것이었다.　　　—루쉰의 〈작은 사건〉

(나)

　　인간의 마음속에 있는 이상적인 의욕 중에서 공적(公的)으로 나타나는 행동은 언제나 매우 작은 부분에 불과하다. 나머지 모든 부분은 눈에 띄지 않는 가운데 다양하게 실현되어, 실제로 사람들의 주목을 끄는 것보다 수천 배 이상의 가치를 나타낸다. 눈에 보이지 않는 부분과 눈에 보이는 부분의 관계는 깊은 바다와 그 표면에서 일어나는 파도의 관계와도 같다. 봉사(奉仕)를 일생의 업으로 삼을 수 없는 사람들은 봉사를 부차적인 일로 행하는데, 그것은 눈에 보이지 않는 선(善)의 힘이 작용한 것이다. 대부분의 사람들은 생계유지를 위하여, 또는 사회에서의 역할을 다하기 위하여 따분한 일을 직업으로 가져야 한다. 이것이 대부분의 사람들이 처해 있는 운명이다. 이들은 자기 안에 있는 인간성을 풍부하게 발휘할 수 없을 뿐만 아니라 그것을 발휘하는 일 자체가 불가능하다. 기계에 가까울 정도로 일을 해야 하기 때문이다.

　　그러나 자기를 인간으로 내세울 기회를 전혀 갖지 못하는 사람은 없다. 업무가 조직화·전문화·기계화됨에 따라 새로운 문제가 발생하는데, 이 문제가 인간의 인격을 해치는 것이라면 그대로 받아들여서는 안 된다. 가능한 한 인간의 인격을 옹호하는 쪽으로 이 문제를 해결하도록 해야 한다. 가장 중요한 것은 자기 운명에 복종할 뿐 아니라, 불우한 환경에 처해 있더라도 온 정력을 다하여 인격체로서의 자기를 주장하려고 노력하는 일이다.

비록 보잘것없는 일에서도, 우리는 도움을 필요로 하는 사람들을 인격체로 대하지 않으면 안 된다. 여기에서 우리는 진정한 인간이 되는 것이다. 이러한 기회를 놓치지 않을 때, 우리는 직업생활과는 다른 인간생활을 누릴 수 있게 된다. 이와 같이 할 때 인간은 정신적이고 선한 것에 봉사하게 된다. 여하한 운명에 처한 사람이라도 이러한 봉사라면 누구나 부업으로 해낼 수 있다. 그럼에도 불구하고 이런 일들이 실제로 많이 실현되지 못하고 있는 것은 사람들이 그 기회를 소홀히 하고 있기 때문이다. 어떠한 환경에 처하여 있더라도 모두가 인간을 진정한 인간성으로 대하려고 노력하는 것, 바로 여기에 인류의 장래가 달려 있다.

큰 가치가 순간순간 우리들의 소홀함으로 말미암아 나타나지 못하고 있다. 그런 가운데서도 의지나 행위로 나타나는 것은 결코 가볍게 봐서는 안 될 재산이다. 우리의 인간성이란, 사람들이 어리석게 늘 떠드는 것처럼 그렇게 물질적인 것은 아니다. 나는 인간의 마음속에는 표면에 나타나는 것보다는 훨씬 더 많은 이상적인 의욕이 있다고 확신한다. 땅 속을 흘러가는 물이 눈에 보이는 흐름보다 많은 것처럼, 인간의 마음속에 갇혀 있거나 간신히 해방되어 있는 이상적인 의욕은 세상에 나타나 보이는 것보다 훨씬 더 많은 것이다. 이처럼 인간의 마음속에 갇혀 있는 이상적인 의욕을 해방시키는 일, 땅 속 깊이 있는 물을 표면으로 끌어내는 일, 이 일을 해낼 수 있는 사람을 인류는 갈망하고 있다.

〈문제 1〉 제시문 (가)와 (나)에서 공통으로 나타난 '삶의 자세들'을 찾아 600자 내외로 서술하시오.

〈문제 2〉 그러한 '삶의 자세'들이 오늘날 우리 사회에서 가질 수 있는 의미'에 대하여 1,000자 내외로 논술하시오.

다락원 논술노트 003

허클베리 핀의 모험

펴낸이 정효섭
펴낸곳 (주)다락원

초판 1쇄 인쇄 2006년 11월 10일
초판 1쇄 발행 2006년 11월 15일

책임편집 안창열, 김지영
디자인 손혜정, 박은진
번역 안창열
삽화 손창복

다락원 경기도 파주시 교하읍 문발리 509-1
Tel:(02)736-2031 Fax:(02)732-2037
(내용문의: 내선 520/구입문의: 내선 113~114)
출판등록 1977년 9월 16일 제300-1977-23호

Copyright ⓒ 2006, 다락원

출판사의 허락 없이 이 책의 일부 또는 전부를
무단 복제·전재·발췌할 수 없습니다.
잘못된 책은 바꿔 드립니다.

값 8,500원

ISBN 89-5995-118-8 43740
      978-89-5995-118-5 43740